W0410612

KLEINES
HOROSKOP-HANDBUCH

Wassermann

21. Januar – 19. Februar

Trautwein Edition

2005 Trautwein Edition
© Compact Verlag München

Alle Rechte vorbehalten. Nachdruck, auch auszugsweise, nur mit ausdrücklicher Genehmigung des Verlages gestattet.
Alle Angaben wurden sorgfältig recherchiert. Eine Garantie bzw. Haftung kann dennoch nicht übernommen werden.

Text: Peter Ripota (unter Mitarbeit von Y. Kirsch, A. Huber, B. Kleefeld, W. Martin, G. Motitschka), Ursula Fassbender
Chefredaktion: Evelyn Boos
Redaktion: Angela Schmid
Produktion: Wolfram Friedrich
Titelabbildung: Hartmut Baier
Umschlaggestaltung: Axel Ganguin

Mehr Infos im Internet unter www.compactverlag.de

ISBN 3-8174-5311-6
5253115

Fast alle Menschen kennen ihr Sonnenzeichen – das, was man gewöhnlich als „Sternzeichen" bezeichnet. Und mindestens die Hälfte kennt auch ihren Aszendenten. Viele lesen die astrologischen Wochenprognosen in den Illustrierten, und die Astrologen haben Zulauf wie im Mittelalter.

Was ist dran an der Astrologie? Enthält sie uraltes Wissen, vielleicht sogar von übermenschlichen Besuchern aus dem Kosmos? Oder ist sie Scharlatanerie, Geschäft mit der Gutgläubigkeit (und Vergesslichkeit) der Menschen?
Immerhin beschäftigen sich mehr ernsthafte Gelehrte und Praktiker mit ihr, wenn auch meist heimlich: Ärzte, Heilpraktiker, Psychologen, Berater. Wendet man ihre Erkenntnisse an, kommt man zu praktischen, verwertbaren Lebenshilfen. Man muss nur wissen, worüber die Sterne wirklich Auskunft geben können und worüber nicht.

Die Sterne können Auskunft geben über:
- angeborene Talente, Begabungen und besondere Fähigkeiten,
- angeborene körperliche Schwächen,
- Zeiten, in denen es günstig ist, etwas Bestimmtes zu tun,
- Zeiten, in denen es eher ungünstig ist, gewisse Dinge in Angriff zu nehmen,
- Menschen, mit denen man sich gut versteht und solche, mit denen man eher Probleme hat.

Die Sterne können nichts darüber sagen:
- wie man gerade lebt oder sich fühlt,
- ob eine Verbindung (z.B. Ehe) glücklich ausgeht oder nicht,

- wie jemand aussieht,
- an welchen Krankheiten jemand tatsächlich leidet.

Die Astrologie ist in diesem Sinn Lebenshilfe, dass sie jemandem sagen kann, wo seine Chancen liegen – vorausgesetzt, er fördert die Talente und Anlagen, die ihm unter seinem Stern- bzw. Sonnenzeichen gegeben sind. Auch kann die Astrologie bestimmte Fehler, zu denen man „natürlicherweise" neigt, von vornherein vermeiden helfen.

Und nicht zuletzt führt die Beschäftigung mit dem eigenen Tierkreiszeichen, das Nachdenken über Aussagen, die die Astrologie hierüber macht, zur kritischen und positiven Auseinandersetzung mit sich selbst: Wie oft hat man das Gefühl, beruflich oder privat am falschen Platz zu sein! Die Astrologie kann solche Gefühle bestätigen oder widerlegen. Doch es dürfte klar sein, dass das Sternzeichen allein keine erschöpfende Auskunft geben kann. Es gibt auf dieser Welt nicht nur zwölf Menschentypen, sondern so viele einzigartige Charaktere wie Menschen. Dennoch ist die Beschäftigung mit dem Sternzeichen sinnvoll. Sie zeigt die Grundtendenzen auf, die den Weg zu einem erfüllten Leben andeuten.

Einführung

Grundlagen der Astrologie

Bei Astrologie denken wir gleich an den Einfluss der Sterne. Tatsächlich wissen wir nicht, wie Astrologie funktioniert, doch jeder kann sich selbst davon überzeugen, dass sie funktioniert. Auch haben nicht die Sterne Einfluss auf uns, sondern die Himmelskörper unseres Sonnensystems: Sonne, Mond und die Planeten.

Das Sonnenzeichen

Am stärksten wirkt die Sonne, der wir unser Dasein verdanken und ohne die keinerlei Leben möglich wäre. Während der scheinbaren jährlichen Wanderung der Sonne am Himmel hält sich dieser Stern etwa einen Monat lang in je einem Tierkreiszeichen auf. Die zwölf Tierkreiszeichen haben die gleichen Namen wie die Sternbilder der Ekliptik, doch sie sind mit ihnen nicht identisch. Während Sternbilder am Himmel fest verankert sind und aufgrund ihrer großen Entfernung keinerlei Einfluss auf den Menschen ausüben können, bilden Tierkreiszeichen – oder kurz Zeichen – eine zeitliche Einteilung des Jahres. Wer im Frühjahr geboren wird, wenn alles vom Winterschlaf erwacht und nach außen drängt, der hat einen ganz anderen Charakter als jemand, dessen Geburt in die Zeit der erlöschenden Herbstsonne fällt. Aus dieser jahreszeitlichen Einteilung ergeben sich die Eigenschaften der zwölf Zeichen.

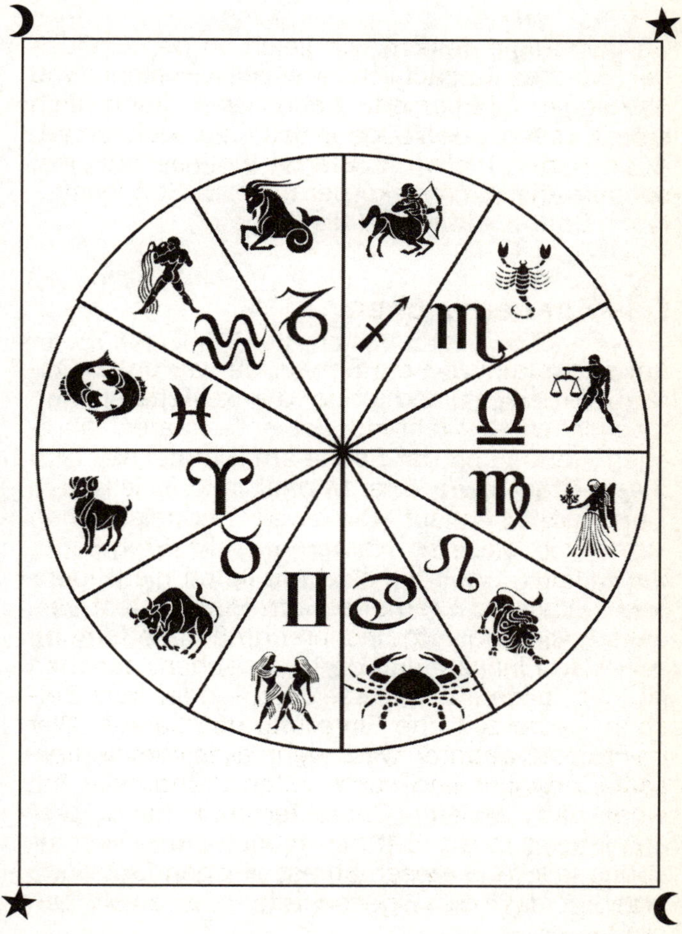

Die zwölf Zeichen

♈ **Widder** (21. März bis 20. April: Beginn des Frühlings):
Der große Kampf des aufkeimenden Frühlings gegen den unterliegenden Winter beginnt. Es bilden sich die ersten Knospen. Unter Stürmen und Kämpfen, doch mit unerschütterlichem Optimismus wächst neues Leben.

♉ **Stier** (21. April bis 20. Mai: Mitte des Frühlings):
Die Wiesen blühen, die Frühlingsdüfte erfüllen die Luft, das Leben beginnt. Die Zeit ist gekennzeichnet durch die Farbenpracht der Blüten.

♊ **Zwillinge** (21. Mai bis 21. Juni: Unruhe des Frühlings):
Etwas Neues bereitet sich vor, die Jahreszeit neigt sich dem Ende zu. Veränderungen in der Luft bringen Unruhe und Neugier. Die Bäume bilden Bätter und Zweige, Pflanzen und Tiere treten in Kontakt miteinander.

♋ **Krebs** (22. Juni bis 22. Juli: Beginn des Sommers):
Etwas Neues baut sich auf, die heißeste Jahreszeit beginnt. Regen, Feuchtigkeit und die Fülle sommerlichen Lebens erfüllen die Erde. Plötzlich kommt es zu Gewittern, zu Unruhe, zu Entladungen. In Feuchtigkeit und Hitze bildet sich neues Leben.

♌ **Löwe** (23. Juli bis 23. August: Mitte des Sommers):
Die Natur erstrahlt in ihrem höchsten Glanz. Die Sonne hat zwar den Höhepunkt überschritten, bringt aber eine ruhige und überlegene Wärme. Alles blüht hochsommerlich, voller Wärme und Energie. Die Natur hat ihre Reife erreicht.

♍ **Jungfrau** (24. August bis 23. September: Unruhe des Sommers):
Es wird Zeit, die Ernte einzubringen. Dazu braucht man Fleiß, Sinn für Ordnung und Freude an der Arbeit. Früher arbeiteten nur Frauen und Mädchen auf den Feldern, daher wird diese Zeit vom Zeichen der Jungfrau beherrscht.

♎ **Waage** (24. September bis 23. Oktober: Beginn des Herbstes):
Die Ernte ist eingefahren und muss gerecht verteilt werden. Außerdem hat man jetzt mehr Zeit für das Schöne: für Feste und Vergnügungen, für Kunsthandwerk und Geselligkeit. Das Wetter ist immer noch schön, die Herbstfarben regen zu stimmungsvollen Bildern an.

♏ **Skorpion** (24. Oktober bis 22. November: Mitte des Herbstes):
Die trübe Jahreszeit beginnt. Nebel und gefallene Blätter künden von Tod und Verwesung. Die Menschen beginnen, sich in sich selbst zurückzuziehen und auf ein häusliches Leben einzustellen.

♐ **Schütze** (23. November bis 21. Dezember: Unruhe des Herbstes):
Das Schlimmste an herbstlich-düsterer Stimmung ist überwunden. Im Spätherbst kommt nochmals eine gewisse Leichtigkeit vor den Stürmen des Winters, ein kurzer Optimismus, der mithilft, den Winter zu überstehen.

♑ **Steinbock** (22. Dezember bis 20. Januar: Beginn des Winters):
Die Sonne hat ihren tiefsten Stand erreicht, die Erde ist trocken und die Natur karg. Nur die zähen Tiere überleben, diejenigen, die sich einen Vorrat angeschafft haben und sich ans Leben klammern.

♒ **Wassermann** (21. Januar bis 19. Februar: Mitte des Winters):
Die Luft ist glasklar, alle Aktivitäten eingeschränkt. Die Natur verharrt in kälteklirrender Gelassenheit. Tätigkeiten des Geistes werden jetzt begünstigt.

♓ **Fische** (20. Februar bis 20. März: Ende des Winters):
Die Kälte schwindet, der Schnee schmilzt, alles wartet auf das Ende des Winters und auf den stürmischen Beginn des neuen Jahres.

Der Aszendent

Neben der Sonne sind natürlich auch noch andere Faktoren wichtig. So war schon im Altertum bekannt, dass der Punkt, an dem der Ost-Horizont den Tierkreis schneidet, einen entscheidenden Einfluss auf das Leben eines Neugeborenen ausübt, ganz besonders, wenn zu dieser Zeit auch noch ein Planet aufgeht.

Dieser Punkt heißt Aszendent (von lat. „ascendere" = aufgehen). Ihn zu berechnen ist etwas kompliziert und auch nur dann sinnvoll, wenn die Geburtszeit genau bekannt ist. Alle zwei Stunden geht ein neues Zeichen auf, und im Laufe eines Tages dreht sich die Erde auf diese Weise durch den ganzen Tierkreis.

Die vier Elemente

Nach frühester astrologischer Tradition werden die Tierkreiszeichen in Gruppen zusammengefasst. Das Weltensystem der alten, aus dem Orient stammenden Astrologie war geozentrisch. Die Kreisbewegungen der Planeten um die Erde wurden mit den linearen, zeitlich begrenzten Bewegungen der vier klassischen Elemente Feuer, Luft, Wasser und Erde kombiniert.

Die Vier-Elemente-Vorstellung wurde von Ptolemäus mit der Astrologie in Verbindung gesetzt. Er ordnete je drei Tierkreiszeichen den vier Elementen zu. Man spricht hier von Triplizität oder der Verknüpfung von drei Tierkreiszeichen in vier

Gruppen. Aus der Stellung der Planeten in den entsprechenden Tierkreiszeichen ergibt sich die Elementnatur. Wer in einem bestimmten Element geboren ist, hat entweder eine luftige oder feurige Natur und ein entsprechendes Temperament oder Schicksal. Die Menschen, denen die Elemente Feuer, Erde, Luft und Wasser zugeordnet werden, haben außerdem in ihrer Geburtsstunde eine bestimmte Konstellation von Sonne, Mond, Aszendent oder Planeten, die sich auch auf ihr Charakterbild auswirkt.

Nachfolgend werden die einzelnen Elemente und die astrologisch dazugehörigen Tierkreiszeichen aufgeführt:

Das Element **Feuer** (Widder, Löwe und Schütze) ist optimistisch, liebt Bewegung, ist unternehmungslustig und voll von körperlicher Energie. Der Partner verkörpert teilweise einen Mythos, also eine fantastische Gestalt, die über die Realität hinausgeht. Die Bindung in einer Partnerschaft sind gemeinsame Unternehmungen, Sport, Dynamik. Sex ist für Feuerzeichen eine wichtige Angelegenheit, bei der sie ihren Körper transzendieren und eine Art spiritueller, ekstasischer Vereinigung spüren wollen.

Das Element **Erde** (Stier, Jungfrau und Steinbock) ist realistisch und neigt deswegen zu Pessimismus und Melancholie. Es liebt Materie, also Besitz, sinnliche Vergnügungen, Arbeit und Status. Der Partner sollte ständig anwesend sein; moderne Beziehungen mit langer Trennung können Erdzeichen nicht ertragen. Die Bindung in einer Partnerschaft sind Vertrautheit, gemeinsamer Besitz, Familie, Kinder, eine gute Position in der Gesellschaft, gutes Essen und angenehme Sinneseindrücke. Sex ist für Erdzeichen eine tiefe, körperliche Erfahrung, ohne Über- oder Untertöne. Eine romantische Umgebung kann wichtig sein, Gespräche beim Sex sind eher störend.

Das Element **Luft** (Zwillinge, Waage und Wassermann) liebt die Freiheit und redet gern. Es ist kontaktfreudig und muss die Wirklichkeit durch ein geistiges System ordnen. Luftzeichen lieben geistvolle Gespräche und nehmen die Welt leicht. Der Partner kann weit weg sein; Telefongespräche ersetzen dann den körperlichen Kontakt. Die Bindung in einer Partnerschaft sind geistige Auseinandersetzungen, Gespräche und Ideen. Sex ist für Luftzeichen nicht so wichtig. Gespräche, also Verbal-Erotik, können den eigentlichen Akt ersetzen bzw. wichtiger werden als die körperliche Vereinigung.

Das Element **Wasser** (Krebs, Skorpion und Fische) lebt in einer Welt von Vorstellungen, Fantasien und Gefühlen. Manchmal mangelt es ihm an Durchsetzungskraft, dafür ist es von hohem Einfühlungsvermögen geprägt. Der Partner sollte anwesend sein, weniger als Person denn als gefühlvolles, zugewandtes Wesen. Die Bindung in einer Partnerschaft sind gemeinsame Träume und liebevolle Zuwendung. Sex ist für Wasserzeichen Ausdruck einer gefühlsmäßigen Übereinstimmung, niemals Selbstzweck.

Viereckgruppierung der Tierkreiszeichen

Der jährliche Sonnenlauf wird in vier Jahreszeiten eingeteilt. Die Jahreszeichen zeigen sich immer im gleichen Rhythmus. Die Jahreszeit bewegt sich, zeigt sich fest, stabilisiert sich, sie gleicht sich der folgenden Jahreszeit an. Genauso werden die Tierkreiszeichen eingeteilt.

Die **kardinalen** (aktiven) Zeichen (Widder, Krebs, Waage, Steinbock) ergreifen gerne selbst die Initiative und setzen sich konkrete Ziele.

Die **fixen** (beharrlichen) Zeichen (Stier, Löwe, Skorpion, Wassermann) können bei einer Sache bleiben und sind gute Organisatoren. Die **beweglichen** (reaktionsfreudigen) Zeichen (Zwillinge, Jungfrau, Schütze, Fische) sind anpassungsfähig und können rasch auf Veränderungen reagieren.

Männliche und weibliche Zeichen

Die Astrologie unterscheidet zudem auch noch nach männlichen und weiblichen Zeichen. Dies steht in gewisser Analogie zum Prinzip „Yin“ und „Yang“, von dem später noch im Kapitel zur Chinesischen Astrologie die Rede sein wird. Dieses älteste Gegensatzpaar hat somit auch in der Astrologie seinen Platz gefunden. Die Einteilung soll auf typisch männliche oder typisch weibliche Merkmale hinweisen.

Zu den **männlichen** Zeichen gehören die Feuer- und Luftzeichen, also Widder, Zwillinge, Löwe,

Waage, Schütze, Wassermann. Vertreter dieser Zeichen sollen zielstrebig und tatkräftig sein. Sie ergreifen gern die Initiative.

Zu den **weiblichen** Zeichen gehören die Erd- und Wasserzeichen, also Stier, Krebs, Jungfrau, Skorpion, Steinbock, Fische. Die Vertreter dieser Zeichen sind eher passiv und zeichnen sich durch ihr zögerliches Handeln aus. Sie sollen sehr friedliebende Menschen sein.

Außerdem werden die Zeichen noch von Planeten beherrscht, die teilweise ebenfalls als männlich oder weiblich bezeichnet werden. So ist eine Waage-Frau vom biologischen Geschlecht her weiblich, dem Zeichen nach männlich, doch der beherrschende Planet Venus ist wiederum weiblich.

Zusammenfassung:

Fasst man die vorher genannten Eigenschaften und Zuordnung für die einzelnen Tierkreiszeichen zusammen, so ergibt sich folgende Aufstellung:

Widder: Feuer, beweglich, männlich

Stier: Erde, fest, weiblich

Zwillinge: Luft, angleichend, männlich

Krebs: Wasser, beweglich, weiblich

Löwe: Feuer, fest, männlich

Jungfrau: Erde, angleichend, weiblich

Waage: Luft, beweglich, männlich

Skorpion: Wasser, fest, weiblich

Schütze: Feuer, angleichend, männlich

Steinbock: Erde, beweglich, weiblich

Wassermann: Luft, fest, männlich

Fische: Wasser, angleichend, weiblich.

Berücksichtigt man alle Faktoren, die zur Zeit der Geburt einen Einfluss ausüben können – Planeten, Häuser, Achsen, bestimmte Punkte – dann erhält man eine bildliche Darstellung, die man Horoskop nennt. Ein Horoskop kann Auskunft geben über die natürlichen Anlagen, Fähigkeiten und Talente eines Menschen; es kann jedoch nichts darüber sagen, was diese Person daraus macht. Die Symbole eines Horoskops sind wie die Gene eines Menschen: Sie beeinflussen ihn, aber welches Gen wofür zuständig ist, ist nicht leicht zu sagen. Der Mensch wird auch nicht nur durch seine Gene geformt, sondern auch durch Erziehung, Umwelt, Karma – und den eigenen Willen. In diesem Sinn ist Astrologie keine Zukunftsdeutung eines vorgezeichneten Schicksals, sondern der Hinweis auf das Potential eines Menschen und ein Appell an das Verantwortungsgefühl eines jeden, mit den eigenen Ressourcen vernünftig umzugehen und sie zum Wohle der Menschheit einzusetzen.

Warum die Astrologie so beliebt ist

Nur im Abendland gibt es eine derart scharfe Abgrenzung zwischen der Wissenschaft, die uns die Welt erklärt, und der Religion, die uns das Leben erklärt. Die Wissenschaft zeigt, wie die Dinge funktionieren, aber sie sagt uns nichts darüber, warum das so ist und welchen Sinn unser Leben hat. Die Religion erklärt nichts, kann aber dem Leben des Einzelnen Sinn und Inhalt verleihen. Eine Berührung zwischen beiden scheint es nicht zu geben. Doch gerade da kommt die Astrologie ins Spiel. Von der Wissenschaft hat sie die Exaktheit der Berechnungen, die Komplexität der Formeln und die Ableitbarkeit komplexer Sachverhalte aus ihren Symbolen. Von der Religion hat sie die Fähigkeit, dem Einzelnen sein Leben in größerem Maßstab, sozusagen unter dem Aspekt der Ewigkeit, zu zeigen. Selbst Kritiker der Astrologie müssen zugeben, dass diese unser Leben in einer Form bereichert, wie es die rationalen Wissenschaften niemals können. Die Astrologie stillt die Sehnsucht des Menschen nach etwas Mythischem, Spirituellem, über den Alltag Hinausgehendem. Und darum brauchen wir sie.

♒ AQUARIUS.

Der Wassermann

Der Wassermann als Mythos

Der Wassermann ist der Mythos des Geistes. Der Geist als Absolutum mag das schlechthin Höchste sein, was der Mensch in ein Wort zu fassen vermag. Insofern stammt alles vom Geist, wir sprechen vom Geist der Sprache und könnten natürlich auch vom Geist des Mythos sprechen. Der Geist des Wassermannes wäre im obigen Sinne der Geist des Geistes, und dies scheint auf den ersten Blick paradox zu sein. Und doch hat dieses Paradoxon gerade beim Wassermann seine Berechtigung, wie wir im Folgenden noch sehen werden.

Der Dichter Anton Wildgans drückt dieses Paradoxon in folgendem Gedicht aus: „Es ist nur eine Sünde wider den Geist. Sie heißt: der Geist. – Leidlosen Schlummers wirkt die Natur. Spur allen Kummers ist Geistes Spur".

Wir schicken uns heute an, ins Weltzeitalter des Wassermanns – nach astrologischer Lehre Epochen von etwa zwei Jahrtausenden Dauer – einzutreten, und deshalb spiegelt sich in seiner Problematik die Problematik der gesamten heutigen Menschheit wider.

Versuchen wir, uns dem Phänomen Wassermann, das wahrhaftig kein leicht zu fassendes ist, von verschiedenen Seiten zu nähern. Zunächst von der Analogie zum Naturphänomen: Die Sonne steht in diesem Zeichen im letzten Drittel des Januars und in den beiden ersten Dritteln des Februars. In dieser Zeit ist der Winter in unseren

Breiten auf seinem Höhepunkt angelangt. Kälte und Eis hemmen jedes vitale organische Wachstum. Doch im Verborgenen, im Schoße der Erde, ist das Leben keineswegs abgestorben, es ruht nur in seinem Keimzustand und wartet darauf, sich später entfalten zu können.

Der Mensch aber ist in seinem jährlichen Rhythmus keineswegs auf dem Tiefpunkt seiner Aktivität angelangt. Nach dem ersten Anlauf im Herbst und dem Innehalten zu den großen Festen des Jahreswechsels (der Sonnenwende) erreicht nun sein Handeln und Planen eine neue, vielleicht sogar die stärkste Intensität. Der 25. Januar – die Sonne befindet sich gerade in den Anfangsgraden des Wassermanns – wird nach kirchlicher Tradition als der Tag der Bekehrung des Heiligen Paulus gefeiert.

Es ist das „Damaskuserlebnis“: Der Pharisäer Saulus hatte bis dahin die Christen mit erbittertem Eifer verfolgt. Auf dem Weg nach Damaskus nun wurde er plötzlich von einem blitzartigen Licht geblendet, und er vernahm die Stimme des Herrn: „Saulus, Saulus, warum verfolgst du mich?“ Von da an, so berichtet die Bibel, änderte sich die geistige Einstellung und das Leben des Saulus schlagartig. Er wurde zum Paulus, zum ersten und größten Verkünder der neuen Religion des Christentums. Das Damaskuserlebnis ist deshalb sprichwörtlich geworden.

Man versteht unter einem „Damaskuserlebnis“ ein typisches Wassermann-Phänomen. Der Geistesblitz, die schlagartige Erkenntnis, die Umkehr um hundertachtzig Grad. Das ist der Geist dieses Zeichens – als Intuition mehr dem Intellekt verwandt als der Vision, die viel stetiger und mystischer ist und das Leben und die Realität oft weit hinter sich lässt.

Die Intuition dagegen ist unmittelbar anwendbar. Sie ist höhere Logik, der blitzartige, unwillkürliche Vollzug einer Unzahl von Gedankenketten, der im Nu bei Lösungen angelangt ist, wofür der bloße Intellekt lange Zeit brauchen würde, wenn es ihm überhaupt gelingt.

Der Tag von Pauli Bekehrung ist nach einer alten Bauernregel der Umschlagpunkt des Winters – des klimatischen, nicht des astronomischen. Zu dieser Zeit ist er nach dieser Überlieferung gerade halb durchschritten, was im Durchschnitt zweifellos den biologischen und meteorologischen Verhältnissen entspricht. Der menschliche Geist des Wassermanns ist auch so ein Geist der Umkehr, des plötzlichen Umschlagens, der Wende: Es ist ein Geist, der den Menschen oft in deutlichen Gegensatz zur Natur bringt.

Die Natur ist Löwe-haft. Dieses Zeichen ist der Antipode des Wassermanns. Es liegt ihm im Tierkreis genau gegenüber. Löwe-haft ist der Instinkt, er ist materiell und organisch. Die Intuition des Wassermanns aber ist geistig und anorganisch, sie hat nichts mit Vitalität zu tun. Der Erfindergeist des Wassermanns ist es, der uns die Technik bescherte, die uns sozusagen auch in eine große Konfliktsituation mit unserer natürlichen Umwelt gebracht hat.

Gleichnishaft für diese Oppostionsstellung, die dieses Prinzip zur Natur einnimmt, ist auch der Mythos, der vom Ursprung des Tierkreissternbildes am Himmel berichtet. Er verweist uns zunächst auf eine weitere Tatsache: Der astrologische Wassermann ist nämlich keineswegs jenes Fabelwesen, das am Grunde von Gewässern haust (dieses ist vielmehr ein Verwandter des Neptun, der das Zeichen der Fische regiert), sondern es ist Ganymedes, der schöne Jüngling der griechischen Mythologie, der von Zeus (Jupiter) auf den hohen Olymp entführt wurde. Deshalb ist sein Zeichen auch kein Wasserzeichen - obwohl dies sein Name doch nahe zu legen scheint - sondern ein Luftzeichen.

Das Bezeichnende am Mythos von Ganymed aber ist, dass sich Jupiter in den auffallend schönen Knaben verliebt hatte. Es handelt sich dabei nämlich um nichts anderes als um eine der homoerotischen Anwandlungen des Göttervaters, der in seiner Großzügigkeit durchaus auch diese Variante in sein reichhaltiges Liebesleben einbezog. Man sieht also, dass das Wassermann-Prinzip auch im Bereich der Erotik auf komplexeren Wegen wandelt.

Um des Ganymed habhaft zu werden, verwandelte sich Jupiter in einen Adler und trug den Knaben durch die Lüfte auf die Götterburg. Dort diente ihm der Erwählte fortan als Mundschenk. Sein Bild versetzte Zeus an den Himmel.

Es ist eines der unauffälligsten Sternbilder. Doch in klaren Nächten beeindruckt es durch eine Viel-

zahl von geheimnisvollen schwachen Sternen, die das Wasser darstellen, das Ganymed aus dem Krug rinnen lässt. Dies war nämlich das Erste, womit der Knabe den Adler labte, als dieser sich noch nicht als der Oberste der Götter zu erkennen gegeben hatte.
Der Wassermann ist das Zeichen der ewigen Jugend, des früh vollendeten, aber oft auch früh dahingeschiedenen Genies. „Wen die Götter lieben, den nehmen sie früh zu sich" – dieser Spruch lässt sich auf Ganymed wie auf Mozart, Schubert, Mendelssohn-Bartholdy – alle im Zeichen des Wassermanns geboren – anwenden.

Doch nicht nur Komponisten, auch viele andere Künstler oder bemerkenswerte Persönlichkeiten, deren Sendung sich in der Jugend erfüllte, sind im Zeichen der ewigen Jugend geboren: James Dean wurde zu so etwas wie einem modernen Wassermann-Mythos. In seinem Horoskop dominierte das Zeichen nicht nur durch die Sonne, sondern auch durch andere bedeutungsvolle Konstellationen. Wir finden bei ihm vieles, was für dieses Zeichen ganz typisch ist: der frühe Tod durch den Autounfall, der Protest der Jugend gegen die Vätergeneration, Revolution, Aufstand und dennoch auch ein zartes, träumerisches, luftiges Element – die paradoxe Mischung von Versonnenheit, Schüchternheit und Rebellion. Er hatte den Charme des Hypersensiblen, der extravaganten Gefühle, des Irregulären, des Gefährdeten, des Grenzgängers.

Ein anderer Mythos in diesem Zeichen ist der des Prometheus. Er ist der Anwalt des Menschen, der diesen in Opposition zur Autorität der Götter bringt. Der Titan Prometheus entscheidet sich im Kampf seines Göttergeschlechts mit dem nachfolgenden des Jupiter für die Jungen, Zukunftsträchtigen. Und er setzt sich dann erst recht für die Wünsche und Interessen der Sterblichen ein: Als ihnen Jupiter, der menschlichem Fortschritt gegenüber skeptisch ist, das Feuer entzieht, raubt es Prometheus wieder und bringt es den Menschen zurück. Er gibt ihnen alle technischen Kenntnisse und Fertigkeiten. Er ist somit der Urvater allen Fortschrittsdenkens, der Humanität und der Menschenrechte.

Von den drei Luftzeichen bedeuten die beweglichen Zwillinge die Gespaltenheit, die intellektuelle Spannung von Spruch und Widerspruch, die kardinale (anstoßgebende) Waage die dynamische Kraft des Gedankens; die "feste Luft" des Wassermanns aber bedeutet die geistige Speicherfähigkeit. In diesem Zeichen wird das Luftelement des Geistes gleichsam komprimiert, im verfestigten Zustand aufgehoben, um sich jederzeit unter ungeheurer Energie wieder frei machen zu können, ganz so, wie es beim Antriebssystem von Raketen geschieht.

Und der Geist des Wassermanns gleicht auch dem Wind: er weht, wo er will, er ist die absolute Freiheit, er lässt sich in keine Fesseln zwingen. Seine Spannweite reicht vom leisen Lufthauch bis zum Orkan – immer aber ist er unkontrollierbar und unsichtbar und dabei allgegenwärtig.

Der Wassermann und sein beherrschender Planet

Seltsam und eigenwillig, wie das Zeichen, ist auch der Planet, der ihm nach astrologischer Lehre zugeordnet ist. Uranus ist in der Reihe der Planeten der Erste, welcher mit freiem Auge nicht mehr wahrgenommen werden kann – oder besser gesagt: fast nicht. Er ist nämlich auch in dieser Hinsicht ein Grenzgänger. Es existiert ein Zeugnis, wonach die Einwohner von Tahiti ihn lange vor seiner Entdeckung durch die Wissenschaftler als Wandelstern kannten. In sehr reiner Atmosphäre und für sehr scharfsichtige Augen ist er durchaus noch erkennbar. Es setzt jedoch eine beachtliche Beobachtungsleistung und große Geduld voraus, ihn unter der Vielzahl von anderen kleinen Sternen als Wandelstern zu identifizieren.

Im Fernrohr erscheint dieser Planet düster grünblau, doch seine wahren Geheimnisse enthüllte er erst im Laufe systematischer Erforschung. Denkwürdig ist schon seine Umlaufzeit. Er braucht für eine Umrundung der Sonne annähernd 84 Erdenjahre. Auch von der Erde aus gesehen steht er somit ziemlich genau immer sieben Jahre in einem Zeichen. Sieben Jahre braucht der Organismus des Menschen, um seine Zellen zur Gänze zu erneuern. Und die durchschnittliche Lebenserwartung des Menschen nähert sich heute bereits dieser magischen Zahl von 84 Jahren.

Uranus ist der einzige Planet, der sich rückläufig um seine Rotationsachse dreht. Dabei steht diese Polachse fast in seiner Bahnebene, woraus sich ziemlich groteske jahreszeitliche Verhältnisse ergeben. Ein (hypothetischer) Uranusbewohner sähe die Sonne sich von einem bestimmten Himmelspunkt spiralenförmig weg- und (nach 42 Erdenjahren) auf den entgegengesetzten Himmelspunkt spiralenförmig zubewegen. Uranus ist also der Exzentriker unter den Planeten.

Der Gott Uranus ist der älteste der griechischen Mythologie. Von ihm stammen die Titanen wie Kronus (Saturn) und Rhea ab, und von diesen wieder das jüngste Göttergeschlecht, das von Jupiter regiert wird. Uranus (gr. Uranos) heißt „Himmel", und der Himmelsgott ist ein Sohn der Urmutter Erde, der Gaia, die Ihn aus sich selbst, ohne männliches Zutun, zeugte und gebar. Uranus zeugte darauf mit seiner Mutter alle Pflanzen und Tiere, sein fruchtbarer Regen ließ die Bäche, Flüsse und Meere entstehen.

Doch damit nicht genug: Uranus zeugte mit der Erdmutter auch allerhand groteske Urwesen.

Das astrologische Prinzip des Uranus ist dem des Wassermanns voll und ganz entsprechend. Es ist das Prinzip des Plötzlichen, Unvermittelten, des Bizarren und Grotesken, des Widernatürlichen – und doch gleichzeitig paradoxerweise ein archaisches, ja eines der ältesten Prinzipien überhaupt.

Unzählige Erfahrungen und Entdeckungen haben die Astrologen in den letzten zwei Jahrhunderten gelehrt, dass Uranus der Planet der Katastrophen ist. Seine Entdeckung erfolgte am Vorabend der Französischen Revolution und in der Zeit, in der die sprunghafte Entwicklung der modernen Technik einsetzte.

Das Wort Katastrophe bedeutet im ursprünglichen Sinne keineswegs etwas nur Negatives, sondern vielmehr „Umkehrpunkt, Unterbrechung“. Das Katastrophale birgt in sich die Chance einer Umkehr im Sinne von Läuterung.

Unsere Gegenwart ist durch und durch uranisch geprägt. Seit der Entdeckung des Planeten wurden mehr und mehr alle jene Themen und Probleme akut, die unsere Gegenwart und Zukunft bestimmen. Uranisch ist die Originalität. Originell bedeutet ursprünglich vorbildlos. Wie die Geschöpfe des Gottes Uranus sind die Hervorbringungen des unranischen Menschen oft bizarr, eigenwillig und stoßen die Mitmenschen vor den Kopf. Am Anfang muten sie ein wenig verrückt an, erst später erkennt man ihren Sinn und ihre Notwendigkeit. Uranisch ist der Erfindergeist, der nur zu oft seiner Zeit voraus ist und die Forderungen der Zukunft vorwegnimmt.

Außer der neueren Technik im Allgemeinen unterstehen dem Uranus im Besonderen die Elektrizität und die Elektronik. Die „elektronische Revolution“ unserer Zeit, die blitzartige Überbrückung der weiteren Distanzen, die Annäherung der Leistung von Maschinen an die des menschlichen Gehirns sind uranisch wie die Raumfahrt, mit der der Mensch den Sprung ins Weltall – zum Himmel, dem Uranus – gewagt hat.

Uranische Phänomene treten immer plötzlich und unvermittelt in Erscheinung. Im Positiven wie im Negativen gleichen sie dem Blitz und der Explosion. In geistiger Hinsicht entspricht ihnen die Pointe des Witzes, dessen Wesen ja gerade das Unerwartete, Überraschende und Paradoxe ausmacht.

Bei allen großen geistigen Leistungen ist dieses Prinzip mit im Spiel. Es ist zweifellos in der schmalen Spanne zwischen Genie und Wahnsinn angesiedelt. Dem entspricht die gefahrvolle Gratwanderung zwischen Weltverbesserung und Weltzerstörung.

Mit Gefühlen an sich hat Uranus nichts im Sinn. Dieses Prinzip zeichnet sich durch eine ziemliche Gefühlskälte aus. Wenn es sich den Gefühlen beimengt, so macht es sie raffiniert, exzentrisch und eigenartig. Es kann sie dann durchaus noch in der Intensität steigern, doch es ist eine gefährdende Steigerung. Uranisch beeinflusste Gefühle kommen ebenso plötzlich wie sie wieder verschwinden. Sie sind irregulär, anormal und provozierend. Und doch hängen sie damit mit einem Urprinzip zusammen: nämlich mit der Welt der rein geistigen Phänomene. Darum ist der uranische Geist auch der des Schamanismus, des Priesters und Magiers – und des Astrologen. Dass es gerade diese Phänomene sind, die in der heutigen Zeit wieder stärkere Zuwendung und Beachtung finden – als Gegenbewegung zu Technik, Automatisierung, intellektueller Kälte –, ist nicht zufällig. Denn unter dem Signum des Uranus vereinigen sich diese Widersprüche.

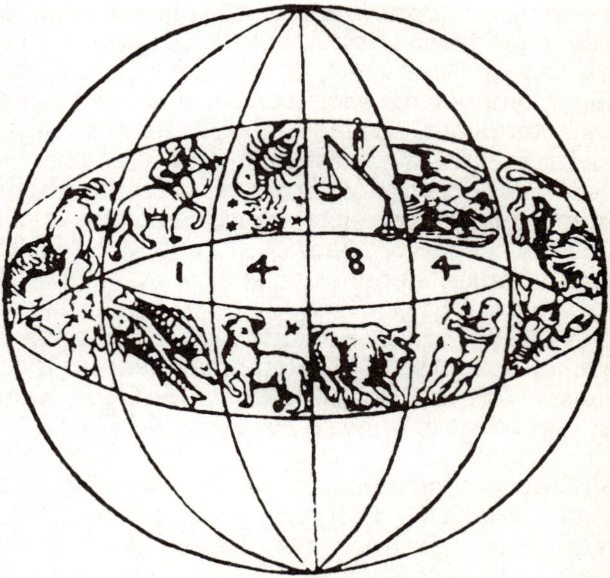
1 4 8 4

„Rotkäppchen und der Wolf“ erzählt von einem Wassermann

Es war einmal ein Hacker, also ein Computer-Freak. Na, das sind die Leute, die Bankcodes knacken und so. Unser Hacker hatte seine Knack-Programmtipps immer in einer roten Kappe versteckt, darum wurde er von den anderen Leuten spöttisch „Rotkäppchen“ genannt.

Sein Computer-Gegner war ein anderer Hacker, der unter dem Codenamen „Wolf“ bereits in zahlreiche Datenbanken eingedrungen war und Firmen wie Behörden Alpträume verursacht hatte. Die beiden lieferten sich freundschaftliche Duelle, indem sie sich vor allem dem Zugang zu wichtigen Mailboxen gegenseitig sperrten.

Eines Tages sollte Rotkäppchen einer anderen Hackerin, die sich „Großmutter“ nannte, einen Packen Passwörter übergeben. Der Code-Name für die Operation lautete „Kuchen und Wein“.

Großmutter, das müsst ihr wissen, war eine echte heiße Oma. Das Programmieren hatte sie von ihrem Enkel gelernt, und seitdem sie mal das Bankkonto ihrer Nachbarin mit eigenen Rechnungen über Computertricks belastete, war sie begeisterte Daten-Knackerin.

Ihre wahre Liebe aber galt der Magie. Irgendwann hatte sie sich eingebildet, dass man mit dem Computer die besten Zaubersprüche finden könnte. An dem Programm dafür bastelte sie schon seit Monaten. Wenn es mal funktionieren sollte, dann aber wehe allen Datenbank-Verwaltern.

Großmutter hatte sich gerade von ihrem Paint-Programm einen riesigen Druidenfuß auf den Styropor-Boden zeichnen lassen und wollte soeben ihren ersten Zauberspruch für heute ausprobieren, als der Summer tönte. Eine wichtige Botschaft war über den Intercom gekommen.

Großmutter holte sie aus dem Datenspeicher. Aber bevor sie die Meldung noch lesen konnte, begann der Computer verrückt zu spielen. Der Bildschirm flimmerte, und plötzlich erschien ein hämisch grinsendes Gesicht, und eine Schrift begann zu flackern: Ätsch, jetzt hab ich dich gleich!

Erschreckt holte Großmutter ihre Super-Knackcode-Deconverter und – und wie? Ihr wollt ein Computer-Lexikon? Aber wozu denn?

So etwa könnte ein Wassermann das bekannte Märchen erzählen. Jedenfalls finden wir einige typische Merkmale.

Von allen zwölf Versionen des Märchens ist dies sicher die unkonventionellste und exzentrischte. Aber das entspricht dem Wassermann, der sich an keine Normen gebunden fühlt und sich für alles Neue schnell begeistert, besonders für die Computertechnik.

Das Verhältnis zu anderen Menschen ist eher freundschaftlich. Der Wolf ist kein Gegner, sondern ein Kamarad, gegen den man im fairen

Wettkampf antritt. Denn wer programmieren kann, gehört zur Gruppe und wird voll akzeptiert, egal, was für ein Mensch er ist.

Auch die Beschäftigung der Großmutter ist typisch. Sie verknüpft modernste Technik mit uralter Magie, ohne sich darüber Gedanken zu machen.

Dass die Kinder mit den vielen Fachausdrücken nichts anfangen können, ist klar. Doch sind technische Märchen bei Jugendlichen sehr beliebt. Der Wassermann-Geborene Jules Verne begeistert auch heute noch seine Leser.

Auf den folgenden Seiten erfahren Sie noch mehr über dieses Zeichen.

Der Wassermann und sein Charakter

Da dieses Zeichen das des Menschen schlechthin ist, ist es nicht leicht, an Menschen, die unter diesem Zeichen geboren sind, auf den ersten Blick spezifische Merkmale zu erkennen. Ihr besonderes Merkmal ist vielmehr das der betonten Menschlichkeit. „Nichts Menschliches ist mir fremd“ – diese Devise könnte die eines typischen Wassermanns sein.

Damit sind bereits die beiden Pole der Menschlichkeit angedeutet, die wir bei verschiedenen Persönlichkeiten unter diesem Zeichen verschieden stark akzentuiert finden. Menschlichkeit bedeutet einmal „Humanität“, also Menschenfreundlichkeit, Menschenliebe. Der Typus, welcher diesem Pol des Zeichens zuneigt, ist bei näherer Bekanntschaft relativ leicht als Wassermann zu identifizieren.

Es sind Menschen, die sich sehr viel mehr für andere als für sich selbst interessieren, und dies durchaus in positiver Weise. Sie nehmen an allem Anteil, was ihre Mitmenschen bewegt, was diese ihnen berichten. Eine im Allgemeinen äußerst geschätzte Eigenschaft. Das ist der Grund, warum „Wassermänner“ sehr viele Freunde haben.
Da das Element dieses Zeichens der luftige Geist ist, erscheinen uns ihre kompakten und willensbestimmten Persönlichkeiten kaum greifbar, ja beinahe gleichsam nicht existent. Sie sind oft ein wahrer Ausbund an Freundlichkeit und Heiterkeit.

Bei Genuss- und Machtmenschen, ja selbst bei Hinterhältigen und Verschlagenen wissen wir doch früher oder später, woran wir sind. Doch nichts von allem bei diesem Zeichen-Typus. Man kann jahrelang mit einem Wassermann zusammenleben und dabei wahrlich keinen Grund zur Beschwerde haben, und dennoch kommt man schließlich darauf, dass er einem im Grunde vollkommen fremd geblieben ist. Man sucht vergeblich nach versteckten Motiven für seine geradezu unglaublich heitere Sanftmut, es gibt aber tatsächlich keine.

Der Wassermann ist so sehr vergeistigt und dabei so wenig an die Materie gebunden, dass er wirklich souverän über seinen eigenen Schatten springen und ganz in den Beziehungen und Anliegen seiner Mitwelt aufgehen kann.

Was er braucht, ist ständige Anregung, doch er ist in der Lage, diese Anregung auch gleichsam aus sich selbst heraus zu erzeugen. Darum ist er der Typus des Erfinders, der genialen Idee. Der humane Typus interessiert sich vor allem für Menschheitsfragen. Und es ist bezeichnend, dass er dabei absolut nichts von überkommenen Normen oder Ordnungen hält. Sein Maßstab ist der Mensch, wie er ihm konkret gegenübertritt, und sonst nichts.

Er ist daher ein entschieden liberaler Typus. Widerstand leistet er dann, wenn er das Recht des Menschen, er selbst zu sein, bedroht sieht. Weil er selbst so frei und unberechenbar empfindet, ist es für ihn die schmerzlichste Erfahrung, zu sehen, wie Menschen anderen Menschen ihren Willen aufzwingen.

Er ist Demokrat schlechthin, um nicht zu sagen ein Anarchist. Er wird sich immer und jedem gegenüber für die Freiheit entscheiden. Freiheit des Geistes – ein typisches Wassermann-Schlagwort.

Der humane Typus dieses Zeichens ist im Grunde ein Anwalt des Geistes und seiner absoluten Souveränität. Der Wille zur Macht ist so ziemlich das Letzte, was ihm imponieren könnte.

Er setzt sich für die Brüderlichkeit unter den Menschen ein. Er kann es schwer verstehen, dass die Menschen oft so schwer miteinander auskommen können. Ja, wäre die Menschenwelt nur eine freie Spielwiese des Geistes, so gäbe es gewiss weniger Gewalt und Unterdrückung. Niemand aber vermag sich so über die Schwere und die Zwänge der Materie zu erheben wie der Wassermann.

Mit ihm kann man ja spielend auskommen, aber er selbst kann sich am wenigsten damit anfreunden, dass für andere Menschen nicht die gleichen Voraussetzungen gelten. Und darin liegt zweifellos sein Egoismus. Er ist zwar alles andere als ein Egozentriker, aber doch nicht von vornherein frei von Egoismus, wenn auch dieser bei ihm sehr subtil ist.

So träumt er nicht selten den Traum von der Gleichheit der Menschen. Hier hat seine Liberalität tatsächlich Grenzen. Er leidet an dem Grundkonflikt aller Revolutionäre und Weltverbesserer.

In einem ruhigen, bürgerlichen Leben kann er ein unauffälliger, liebenswürdiger Zeitgenosse sein. Er ist dann tatsächlich der netteste Mensch von der Welt, vorausgesetzt, es versucht niemand, ihn zu unterdrücken. Er findet sich mit vielen materiellen Misshelligkeiten ab und bewahrt seine Heiterkeit auch in den desperatesten Situationen. Nur seine Rätselhaftigkeit und Ungreifbarkeit gemahnen die Umwelt, dass da irgendetwas in seinem Inneren sozusagen nicht von dieser Welt ist. Auch diese Menschen überraschen oft durch scheinbar gänzlich paradoxe, unvermittelte Gedankensprünge und Ideen.

Der heitere und menschenfreundliche Wassermann braucht allerdings in irgendeiner Weise ein starkes Element von Bewegung, um sich ganz wohl zu fühlen.

Für den einen existiert dieser Bewegungshunger nur im Reich der Gedanken und der geistigen Beziehungen; es gibt aber auch nicht wenige, bei denen er sich in der Vorliebe für Reisen oder sportliche Betätigung ausdrückt.

Über seiner heiteren Beschwingtheit schwebt sehr oft ein Hauch von nachdenklichem Ernst. Es gibt einen weiteren Vertreter des humanen Wassermanns, bei dem dieser Ernst dominiert. Er kann bei diesem bis zur tragischen Grundstimmung gesteigert sein. Er sieht die Welt geradezu als Bühne tragikomischer Leidenschaften, die seinen Geist einerseits bestürzen, andererseits amüsieren. Dieser Typus kann sehr introvertiert wirken. Aus diesem Stoff sind die großen Wassermann-Künstler geformt. Obwohl die Grundstimmung der introvertierten Vertreter dieses Zeichens bisweilen ausgesprochen düster und abweisend ist, pflegen sie überraschenderweise doch ebenfalls viele Kontakte und sind keineswegs unbeliebt.

Ihre Gesellschaft wirkt auf viele Menschen faszinierend und in höchstem Grade anregend. Sie sind im Gespräch bisweilen provozierend offen, dämonisch-sarkastisch, aber man kann sich von ihnen nie beleidigt fühlen. Denn diesen Menschen ist eine luftige, über den Dingen schwebende Ironie zu Eigen.

Betrachten wir nun jenen Typus, bei dem das „Menschliche" nicht im Sinne von „human", sondern im Sinne der „menschlichen Schwäche" zu verstehen ist. Dazu müssen wir bedenken, dass der Wassermann das Gegenzeichen des Löwen ist. Dieser verkörpert das Prinzip der Macht und des Selbstbewusstseins. Im Wassermann ist dieses Selbstbewusstsein nur in einer ganz gebrochenen Weise vorhanden.

Dies kann nun, wie wir gesehen haben, in einer gänzlich altruistischen Lebenshaltung seinen Ausdruck finden. Es kann aber daraus ebenso ein lebenslänglicher Kampf um das eigene Ich resultieren. Es gibt auch genug Vertreter dieses Typus, und es liegt in der Natur der Sache, dass dieser der nach außen hin Aktivere ist.

Seine Grundbefindlichkeit ist der intensive Wunsch, sein Ich in höchstem Maße zur Geltung zu bringen. Eben weil er den Mangel an Ich-Kräften spürt, muss er sie künstlich forcieren. Diese Menschen betonen wortreich ihre Kraft und Überlegenheit, sie schwärmen von Macht und Größe und haben anscheinend für Schwächere und Zu kurz Gekommene nur Geringschätzung übrig. Dieser Typus kann gleichzeitig sehr extrovertiert und sanguinisch sein. Er wird in jede Gesellschaft ein gewisses Element der Unruhe hineinbringen, häufig werden sich Auseinandersetzungen und Streit an seine Ferse heften.

Diese Menschen erbringen nicht selten Höchstleistungen. Dabei sind es ausgesprochene Gratwanderer, die ständig vom Absturz bedroht sind. Es gibt auch Wassermänner, deren Charakterbild ständig vom einen ins andere Extrem umzuschlagen scheint. Eine besonders deutliche Illustration für das, was hier gemeint ist, liefert uns die Persönlichkeit Friedrichs II. von Preußen.
Der Wassermann ist das Zeichen der „ewigen Jugend“. Daher kommt das Phänomen, dass viele unter diesem Zeichen Geborene auch in älteren Jahren noch erstaunlich jugendlich wirken. Man ist oft erstaunt, wie wenig man ihnen ihr Alter ansieht. Auch hier gibt es fast nur Extreme. Manche altern unvermittelt, geradezu von heute auf morgen, bei einigen tritt auch das entgegengesetzte Phänomen auf: dass sie schon in sehr frühen Jahren älter wirken.

Wahrscheinlich liegt eine solche Erkenntnis in dem von vielen angezweifelten Satz, dass „die

Natur keine Sprünge macht". Und die Natur – insofern sie nicht uranisch, Wassermann-haft ist, macht wohl auch wirklich keine Sprünge. Nur – das Uranische ist eben auch in der Natur, sogar recht vielfältig, und doch bedeutet es ganz zweifellos ihren Gegenpol.

Der Wassermann hat einen Hang zum gesellschaftlichen Zusammenschluss, zum Verein, der auf ihn eine geradezu magische Anziehungskraft ausübt. Auch dies ist scheinbar ein Widerspruch zu seinen freiheitlichen Tendenzen. Aber man sollte diese nicht unbedingt mit eigenbrötlerischen Neigungen verwechseln. Der scheinbare Widerspruch löst sich für den Wassermann erst recht dann auf, wenn es sich um Vereinigungen handelt, die für Menschenrechte, für die Freiheit, für Reformen oder gar für revolutionäre Bestrebungen eintreten. In solchen Vereinigungen wird man immer viele Wassermänner antreffen.
Die Neigung zu Gruppen und Vereinen entspringt ebenfalls dem in eigentümlicher Weise gebrochenen Ich dieses Zeichens. Natürliche Individualität ist sozusagen das Letzte, womit dessen Vertreter charakterisiert werden könnten.

Daher gibt es auch keine besonders markanten körperlichen Merkmale, wodurch sie sich von anderen unterscheiden. Es gibt Typen, die dastehen wie gemalt. Sie prägen sich sofort der Erinnerung ein, weil sie eine bestimmte Spezies repräsentieren. Der Falstaff-Typ des Stieres etwa ist ein solcher, der stolze Löwe oder der dämonische Skorpion. Der Wassermann dagegen kann uns bald in der einen, bald in der anderen Weise erscheinen.

Er nimmt gleichsam Rollen an, die er auch blitzartig wechseln kann. Es wundert daher nicht, dass wir unter diesen Menschen die exzellentesten Schauspieler finden. So wie sein reiches Geistesleben eine Bühne menschlicher Möglichkeiten und Zustände ist, nimmt der Wassermann seine Umgebung wahr.
Sein Denken besitzt im höchsten Grad die Gabe der intuitiven Kombination, der Verdichtung und Speicherung. Daher seine Erfindergabe und seine originellen, bisweilen skurril wirkenden Einfälle und Äußerungen.

Bei dieser Dominanz des Spirituellen kommt im Allgemeinen nicht nur das individuelle Ich, sondern auch das Gefühlshafte zu kurz. Daher die eigentümliche Kälte dieses Zeichens. Ob der Wassermann nun menschenfreundlich oder menschenverachtend auftritt (beides nur die Seiten derselben Medaille) – seine Anteilnahme hat nichts mit gefühlstiefer Zuneigung oder gar mit Mitleid zu tun. Er ist im Grunde immer abstrakt, losgelöst von konkreten menschlichen Beziehungen. Das lässt ihn auch für die ihm nahe Stehenden so ungreifbar und rätselhaft erscheinen.
Man könnte, überspitzt, so sagen: nicht, was der Wassermann ist, sondern was er denkt, ist das Entscheidende. Daher bleibt für seine Umgebung nicht sein äußeres Erscheinungsbild, sondern vor allem sein Denken und Sprechen in Erinnerung. Er geht nicht selten vollkommen in seinen Werken, Plänen und Gedanken auf.

Wenn es etwas Charakteristisches an ihm gibt, dann sind dies seine Sprache und Gesten. Man erinnert sich seiner als jemand, der immer in Bewegung ist, nie als statische Erscheinung. Mit seiner uranischen, unberechenbaren Grundnatur hängen sehr viele unterschiedliche Eigenheiten zusammen.

Diese könnte man als typisch in alltäglichen Situationen bezeichnen, wären nicht auch sie starken Abwandlungen im speziellen Fall unterworfen.
Da sein Element die Freiheit und Ungebundenheit ist, empfiehlt es sich, bei ihm nicht mit übertriebener Pünktlichkeit zu rechnen. Wer mit ihm einen festen Termin ausmacht, kann nur zu leicht enttäuscht werden. Niemand, auch er selbst nicht, kann wissen, welche augenblickliche Eingebung ihn plötzlich alles um sich herum vergessen lässt, auch die wichtigste Verabredung.
Dagegen kann man sich bei ihm darauf verlassen, dass er einem sicher über den Weg laufen wird, wenn es sein soll. Er scheint tatsächlich eine telepathische Ader zu haben. Man sollte ihm zugestehen, dass er selbst am besten weiß, oder besser gesagt intuitiv erkennt, wann er aufzutauchen hat. Nur eines ist bei ihm mit Sicherheit zu erwarten: das Unerwartete.

Es ist wirklich merkwürdig, dass Vertreter dieses Zeichens einen auch dann noch mit gänzlich Unerwartetem konfrontieren, wenn man sie doch schon zu kennen meint. Man muss bei ihnen immer mit dem Unmöglichsten und Paradoxesten rechnen.

Materiellen Dingen misst dieses Zeichen wahrlich keine besondere Bedeutung bei. Wenn sie häufig in recht stabilen familiären und häuslichen Verhältnissen leben, so geht dies im Grunde darauf zurück, dass sie heilfroh sind, wenn sich jemand um die alltäglichen Notwendigkeiten kümmert, während sie im luftigen Gedankenreich schweben.

An sich binden kann man ihn niemals. Man kann ihn nur ziemlich verlässlich bei der Stange halten, wenn man ihm kleinliche Probleme vom Leibe hält. Seinerseits aber wird sich dieser Typus niemals an irgendetwas oder an jemanden klammern. Was vorbei ist, ist vorbei. Sein luftiges Temperament kann sich stets Neuem zuwenden.

Charakteristischerweise besitzt der Wassermann oft nur ein einziges Schicksals- und Schlüsselerlebnis, das er niemals vergisst. Das kann nicht selten eine Jugendliebe sein, über die er niemals hinwegkommt. Alles, was nachher kommt, gräbt sich nicht mehr tief in ihn ein. Dieses erste und im Grunde einzige wirkliche Erlebnis ist in der Regel eine Enttäuschung gewesen, oder überhaupt nur ein Gedanke, eine Idealvorstellung.

Der Wassermann im Beruf

Kaum ein Zeichen bringt gerade für die heutige Berufswelt so viele Begabungen mit wie dieses. Das betrifft zum Ersten schon die typischen Wassermann-Interessen. Es gibt hier sehr viele technische Talente. Für diese eröffnet sich klarerweise ein überreiches Betätigungsfeld.

Insbesondere ist es die Elektronik, die ihn in ihren Bann ziehen kann. Er wird aber hier nicht nur ausführend und nachvollziehend tätig sein wollen und können, sondern vor allem schöpferisch. Er wäre zum Beispiel in der Lage, die originellsten und neuartigsten Programme zu basteln, ja er kann auch in der Technologie selbst Neues erfinden.

Kreative Geistigkeit – das prädestiniert ihn natürlich dazu, Überdurchschnittliches vor allem in freischaffenden und selbstständigen Berufen zu erreichen. Sein Erfindungsreichtum und die Fülle seiner Ideen kann Hindernisse höchstens im Unverständnis und in der Unbeweglichkeit seiner Umgebung finden.

Er kennt am wenigsten Sorgen um einen Arbeitsplatz, denn seine Beweglichkeit und sein Einfallsreichtum schaffen ganz neue, nie da gewesene Berufsarten.

Er ist der Mensch, der aufgrund eines genialen Gedankenblitzes auch in der schwierigsten Arbeitsmarktsituation irgend eine neue Erwerbsquelle findet. Dabei kommt es ihm gar nicht primär aufs Geldverdienen an, sondern auf die interessante Tätigkeit. Doch da er sich dabei so klug und geschickt anstellt, kann es kaum ausbleiben, dass sich auch finanzieller Erfolg einstellt.

Unter allen Menschen, die Spitzenleistungen erbringen, ist dieses Zeichen sehr stark vertreten. Das gilt nicht nur für technische, sondern erst recht auch für künstlerische Berufe.
Hier ist es praktisch unmöglich, irgendeine bestimmte Sparte zu nennen, für die er sich besonders eignen würde. Von seiner geistigen Originalität kann jede künstlerische Disziplin profitieren.

Eine Kombination der beiden Grundbegabungen dieses Zeichens, der technischen und künstlerisch-kreativen, wäre etwa der Forscher, Entdecker oder Erfinder, der seine Erkenntnisse auch schriftstellerisch darzustellen vermag. Oder andererseits der Künstler, der sich gänzlich neuer Medien und Techniken bedient. Mit den elektronischen Medien beispielsweise fühlt er sich als Ausführender schnell vertraut, und es drängt ihn, auch hier neue Möglichkeiten und Anwendungsgebiete zu erschließen. Es ist kein Wunder, dass dieses Zeichen so ideal den gegenwärtigen beruflichen Anforderungen entspricht, denn wir leben ja im Beginn des Wassermannzeitalters. Es kann höchstens sein, dass der Wassermann fallweise darunter leiden muss, seiner Zeit noch voraus zu sein. Am wenigsten wird er daher in ausgesprochen veralteten und verknöcherten Arbeitsstrukturen etwas in seinem Sinne erreichen und in Bewegung bringen.

Diesen Vorsprung, den er oft seiner Zeit gegenüber besitzt, nutzt er etwa in seinen Hobbys. Wenn ihm der Arbeitsplatz nicht folgen kann, so gestaltet er eben seine Privatwelt geradezu utopisch. Er besitzt dann beispielsweise einen vollautomatisierten Haushalt, in dem alles elektronisch gesteuert ist. Was er dazu an Elementen nicht kaufen kann, das konstruiert er sich eben selbst. Man kann diese Menschen mit Phantasiefahrzeugen an Wettbewerben teilnehmen sehen. Sie erfinden Spiele, die sich – oft erst nach geraumer Zeit – als Verkaufsschlager erweisen. Solche Möglichkeiten stehen prinzipiell jedem Wassermann offen und hängen nicht von seiner Ausbildung ab. Seine Intelligenz ist ja keine angelernte, dressierte, sondern ein angeborene, originelle, zutiefst schöpferische.

Er verachtet es auch keineswegs, Tätigkeiten zu verrichten, die andere als „unmöglich“ bezeichnen würden. Die ausgefallensten Berufe üben auf ihn sogar eine besondere Faszination aus.

Schlägt er eine wissenschaftliche Laufbahn ein, so widmet er sich mit Vorliebe Fachrichtungen, die noch ein „Dornröschendasein“ fristen, aber bei denen sich im Laufe der Zeit herausstellt, dass ihnen die Zukunft gehört. Der Wassermann ahnt dies intuitiv, er besitzt einen siebten Sinn für Zukunftsträchtiges.

Je bürgerlicher der Beruf ist, umso mehr müssen seine Kollegen und Mitarbeiter seine unbürgerlichen Eigenschaften tolerieren und schätzen lernen.

Es wäre sinnlos, ihm etwa Bekleidungsvorschriften zu machen, wenn er in extravaganter Aufmachung erscheinen will. Man würde damit zugleich auch seiner fachlichen Kreativität Bleigewichte anhängen. Es hätte nur negative Folgen, wenn man von ihm verlangen würde, stets pünktlich zu einer bestimmten Zeit einen bestimmten Arbeitsgang zu verrichten, wenn seine unberechenbare Leistungskurve nun einmal ganz anderen Gesetzen folgt.

Doch dies bezieht sich nur auf Reglements, die im Grunde auch anders sein könnten. Denn soweit Organisation notwendig ist, ist der Wassermann der Letzte, der sich diesen Erfordernissen nicht anpasst. Es ist ja gerade das Geheimnis seines Charakters, dass er gleichzeitig eigenwillig und anpassungsfähig sein kann.

Er arbeitet auch ausgezeichnet im Team. Ob als Chef oder als Angestellter, immer wird man an ihm besonders schätzen, dass er kooperieren kann. Er ist bei aller Entscheidungsfreundigkeit ein Demokrat, der sich Anregungen nicht nur anhört, sondern sie auch berücksichtigt.

Seine negative berufliche Seite ist eher indirekt: dass er über den Beruf sein Privatleben allzu sehr vernachlässigen könnte. Es kann hier zu einem gewissen Mangel an Ausgewogenheit kommen, und wenn er private Schwierigkeiten bekommt, so kann ihn das natürlich auch beruflich behindern.
Doch selbst diese Gefahr ist bei ihm nicht allzu präsent, da er im Allgemeinen doch ein verträgli-

cher Typ ist und im häuslichen Bereich Ruhe und Harmonie sehr zu schätzen weiß.

Die größte Gefahr besteht allenfalls gerade in dem, was seine Stärke ausmacht. Durch seine Vorliebe für die Technik, was selbstverständlich das Fahren schneller Autos, Flugzeugreisen und dergleichen einschließt, begibt er sich mehr als andere in die Gefahr von Unfällen. Ihm aber dabei mehr Mäßigkeit anzuraten, wäre wohl verfehlt, denn hier handelt es sich wirklich um sein ureigenstes Element, das er braucht wie die Luft zum Atmen.

Auch wenn es ihn in die Politik verschlägt, hat man Großes von ihm zu erwarten.
Wassermann-Politiker gehören im Allgemeinen zu der erfreulicheren Sorte. Sie setzen sich für kluge Reformen ein, besitzen Weitblick und sind die entschiedensten Anwälte für Gerechtigkeit und Menschenrechte. Sie sind Demokraten und Feinde jeder Unterdrückung. Ihr ausgeprägter sozialer Sinn kann freilich bisweilen so weit gehen, dass sie sich gerade dadurch erbitterte Feinde schaffen.

Am wenigsten ist dieses Zeichen zweifellos für rein körperliche Arbeit geschaffen. Jedenfalls hält seine physische Leistungsfähigkeit keineswegs mit der seines Geistes Schritt. Dennoch ist nicht zu übersehen, dass es gerade im Sport nicht wenige Wassermänner gibt. Doch hier machen sie durch ihre Wendigkeit, Reaktionsschnelligkeit und Umsicht vieles wett, was ihnen oftmals an athletischen Qualitäten abgeht.

Zu alledem haben typische Vertreter dieses Zeichens mystische oder okkulte Fähigkeiten. Die Wassermänner stellen hervorragende Zauberkünstler, deren Element, bei aller Rationalität, in der Wirkung doch das Geheimnisvolle, Undurchschaubare ist.

Doch auch in tatsächlich irrationalen Bereichen, als Hellseher oder Magier, kann man von ihnen Wunderdinge erleben. Manche haben dabei allerdings eine Begabung zu einem gewissen Gauklertum, das sich mit tatsächlichen übersinnlichen Eingebungen fast undurchschaubar vermengt. Man findet unter diesem Zeichen sozusagen "geniale Scharlatane".

Dasselbe gilt für solche Menschen, wenn sie in religiösen Bereichen tätig werden. Neben aufrichtigem, spirituell aufgefasstem Priestertum finden wir hier auch manche eigenartigen Sektengründer und Gurus, die jedenfalls Meister in der Kenntnis und Manipulation der menschlichen Psyche ist.

Der Wassermann in der Freizeit

Urlaub:
Sie brauchen einen Urlaub, der irgendwie besonders ist. Der Massentourismus liegt Ihnen nicht. Was nicht heißt, dass Sie allein fortfahren müssen. Am wohlsten fühlen Sie sich in einer Gruppe gleich gesinnter Kameraden.

Eine bizarre Landschaft wie die Sinterterassen von Pamukkale in der Türkei sagt Ihnen sicher mehr zu als ein liebliches Dorf in den Bergen oder eine Massenansammlung sonnenhungriger Einheitstouristen an der Adria.
Vielleicht chartern Sie ein Flugzeug und sehen sich den Grand Canyon von oben an. Oder Sie fliegen an den Wolkenkratzern von New York vorbei, möglichst bei offenem Fenster, damit Sie den Wind der Freiheit so richtig zu spüren bekommen.

Unabhängig zu sein und das tun zu können, was Ihnen im Augenblick gerade Spaß macht – und wenn es das süße Nichtstun an sich ist – das sind für Sie wichtige Voraussetzungen, damit der Urlaub befriedigend verläuft.

Hobbys:
Ihr liebstes Hobby ist wahrscheinlich das Nichtstun – das aber ausgiebig und am besten in frischer Luft. Wenn Sie Sport betreiben, dann sollte es einer sein, bei dem ihr Bedürfnis nach Kameradschaft und Zusammenarbeit befriedigt wird. Ein nicht zu wilder Mannschaftssport ist das Richtige für Sie, zum Beispiel Volleyball.

Auch das Herumsitzen in Cafés oder das Plaudern in der Kneipe kann durchaus zu einem Hobby werden. Hauptsache, es macht Spaß und den anderen gefällt es ebenfalls.

Es gibt noch andere Plätze, wo Sie sich wohl fühlen, zum Beispiel auf Flughäfen oder in Computer-Schaltzentralen. Wer weiß, vielleicht trifft man dort auch interessante Leute, mit denen man in kameradschaftlicher Gemeinschaft irreale Pläne schmieden kann.

Ganz allgemein haben Sie einen guten Zugang zu Elektronik, Video und Computern. Vielleicht basteln Sie in Ihrer Freizeit an elektronischen Geräten oder programmieren neue Video-Spiele. Und wenn's zum Basteln/Programmieren nicht reicht, dann haben sie zumindest Spaß an der Benutzung dieser Geräte. Wie wär's mit einem hauseigenen Flipper im Vorgarten?

Als freiheitsliebender Mensch liegt Ihnen alles, was mit der Luft zu tun hat. Das beginnt beim harmlosen Federballspiel, steigert sich zum Drachensteigen und gipfelt in so außergewöhnlichen Unternehmungen wie Drachengleiten oder Fallschirmspringen. Und wenn Sie es sich selbst nicht zutrauen, vielleicht macht es Ihnen Spaß, zuzuschauen oder anderweitig daran teilzunehmen.

Nicht zuletzt macht es Ihnen auch Freude, sich zu verkleiden und andere mit Ihren Masken zu verblüffen. Gehen Sie auf Maskenbälle oder veranstalten Sie selber originelle Feste, auch zu einem bestimmten Motto.

Der Wassermann und seine Gesundheit

Wassermänner wissen alles und können alles, aber weil sie dabei so unauffällig sind, merkt es die Umwelt kaum. Ab und zu jedoch bricht die schöne Welt zusammen, und alles versinkt im Chaos.

Meist ist das nervlich bedingt: Irgendwann wird es auch dem besten Organisator des Chaos zu viel, und die Natur sagt dem rastlosen Denker: Jetzt ist für eine Weile Ruhe. Weil der Mensch aber nicht hört, wird er krank. Dann muss er Ruhe geben.

Wassermänner sind die Exzentriker des Tierkreises, und wenn sie krank werden, dann weiß keiner, warum. Tatsächlich aber sind es die "Nerven", also die Überlastung von Nervensystem und Kreislauf, was bei ihnen zu einer Erkrankung führt. Die äußeren Krankheitsverursacher sind dabei überhaupt nicht so wichtig.

Auch reagieren diese Zeichen sehr empfindlich auf Beschränkungen ihrer Freiheit, und so kann die Krankheit für sie eine Flucht aus der schnöden Welt sein.

Die Krankheiten des Wassermanns

Dem Zeichen Wassermann unterstehen die Unterschenkel (die Waden), das autonome (selbstständige) Nervensystem, der periphere Kreislauf, also hauptsächlich das Aderngeflecht in den Beinen. Und hier liegen vor allem die Schwachstellen dieses Zeichens.

So leiden Wassermänner oft an Krampfadern (Varizen). Weil die Leistung des Herzens an den Beinen am schwächsten ist, strömt das Blut dort auch am zähesten durch die Adern. So kann es bei entsprechender Veranlagung zu Stauungen in den Venen kommen.

Das kann auch dazu führen, dass die Unterbeine und die Fußknöchel anschwellen oder durch schmerzhafte Verstauchungen in Mitleidenschaft gezogen werden. Auch Geschwüre an den Beinen können auftreten.

Als Luftzeichen ist der Wassermann stark von seinem Nervensystem abhängig. Und das ist bei ihm oft überbeansprucht. So kommt es zu vielen nervlich bedingten Leiden.

Das können Schwierigkeiten beim Einschlafen und auch Probleme beim Aufwachen sein, nervös bedingte Augenleiden und sogar Kreislaufstörungen.

Wassermänner haben oft Probleme, ihren Kreislauf am Morgen in Schwung zu bringen, sodass sie als Langschläfer verschrien sind. Das ist zwar keine Krankheit, kann aber unangenehme Folgen haben. Schließlich kann es durch den gestörten Kreislauf zu unregelmäßigem Blutdruck kommen. Nicht zuletzt leiden Wassermänner an allen möglichen Krämpfen, besonders an solchen der Muskeln.

Was der Wassermann für seine Gesundheit tun kann

Angemessene Lebensweise:
Jede einseitige Lebensweise ist schlecht. Auch ein unregelmäßiges Leben ist in diesem Sinne einseitig. Und darum sollten Wassermänner auf ein Minimum an Regelmäßigkeit achten. Frische Luft ist für sie lebenswichtig. Darum sollten sie oft Spaziergänge in frischer Luft machen und sich nicht zu viel in geschlossenen Räumen aufhalten.

Sie sollten regelmäßig früh aufstehen und ihren Kreislauf durch Gymnastik in Schwung bringen. Dafür ist am Abend leichte Lektüre angesagt. Keine Studien zur späten Nacht, auch keine aufregenden Krimis im Fernsehen! Sonst ist wieder nichts mit Einschlafen.

Im Grunde ihres Herzens haben Wassermänner oft Angst vor dem Leben. Sie sollten daher fröhlich und unkompliziert werden und tiefe Beziehungen zu ihren Mitmenschen aufbauen. Letzten Endes brauchen sie auch eine gewisse Flexibilität des Geistes und ihrer Weltanschauungen. Zu leicht verhärten sie in dieser Hinsicht.

Ernährung:
Essen ist für Wassermänner nur eine Störung, die man leider in Kauf nehmen muss. Darum essen sie meist ohne Appetit, hastig, und ohne Rücksicht darauf, ob ihnen das Essen auch gut tut. Oder sie lieben das Außergewöhnliche, Exotische, und schlagen sich mit unverdaulichen Dingen den Magen voll.

Darum sollten die Wassermann-Menschen auf eine geregelte Ernährung achten und sich nicht nur mit Schnell-Imbissen zufrieden geben. Zeit nehmen und die Mahlzeit genießen!

Therapien:
Wassermänner reagieren stark auf Strahlen und Wellen aller Art. Darum dürfen sie auch nicht auf Reizzonen liegen. Ihre Lagerstätte sollte dann entstrahlt oder verlegt werden.

Als Therapien bieten sich an: Bestrahlen mit farbigem Licht, hochfrequenten Strömen, Ultraschall, Magnetfeldern, Pyramiden-Energie oder Behandeln mit geistig-seelischen Kräften (z. B. Handauflegen). Auch gute Atemübungen und Sauerstofftherapien zeigen Wirkungen, ebenso alle Reiztherapien (Akupunktur, Homöopathie). Letzten Endes sind Meditation und Yoga oft wirkungsvolle Heilmittel des Geistes und der Seele.

Das homöopatische Mittel für den Wassermann ist Natrium muriaticum. Als Tabletten in der Potenz D6 ein- bis dreimal täglich regelmäßig genommen, kann es Wunder bewirken.

Der Wassermann als Kind

Ihr Baby ist in eine närrische Zeit hineingeboren. Es ist Karneval; Masken ziehen durch die Straßen und verwandeln sie in eine einzige riesige Schaubühne. Das Außergewöhnliche, Ausgefallene regiert, und ein bisschen von diesem bunten Durcheinander bekommt auch Ihr Wassermann-Baby mit.

Nicht, dass es wie ein Clown aussieht, mit grellroter Knollennase und großen roten Tupfen auf den Wangen. Viel eher wirkt es sogar etwas blässlich und schmächtig. Aber er trägt den Datumsstempel seiner Geburt gewissermaßen in sich, und der macht es zu einem ebenso originellen wie eigenwilligen und unberechenbaren Geschöpf, das jederzeit für eine Überraschung gut ist.

Wie solche Überraschungen aussehen, das wird die Zukunft weisen. Es ist nicht ausgeschlossen, dass Ihr Winzling alle Anlagen zu einem Wunderkind hat – immerhin hat das Wassermann-Zeichen überdurchschnittlich viele geniale Menschen hervorgebracht.

Es kann aber auch sein, dass er später einmal bloß zum Sonderling, zum ausgeflippten Typen wird, der bei Nacht Sonnenbrillen aufsetzt und in Sandalen durch den Schnee spaziert. Bei einem Wassermann ist eben alles drin. Er lässt sich nicht in ein Schema pressen, genauso wenig lassen sich Reglen für sein Verhalten aufstellen. Sicher ist nur eines: Er ist anders als alle anderen!

Ihr Baby ist nicht unfreundlich, ganz im Gegenteil. Es erfreut Sie mit seiner Heiterkeit, ist lebhaft, unterhaltsam und stets zu einem kleinen Späßchen aufgelegt. Auch necken lässt es sich gerne. Es wird jedoch Ihnen und diversen, vornehmlich weiblichen Anverwandten sehr früh zu verstehen geben, dass es kein Spielzeug ist, das man nach Herzenslust küssen und knutschen darf. Auf derartige Zudringlichkeiten kann es recht abweisend reagieren.

Verwechseln Sie das bitte nicht mit Launenhaftigkeit. Launen haben ihren Ursprung im Gefühlsbereich, und der spielt bei Ihrem kleinen Wassermann nur eine untergeordnete Rolle. Er besteht zum Großteil aus Verstand und wird Ihnen das auch beweisen.

Möglicherweise fängt das Kind damit an, dass es plötzlich seinen Schnuller nicht mehr in den Mund steckt. Mögen andere Babys an diesem herumnuckeln – er möchte viel lieber wissen, was für ein sonderbares Ding das eigentlich ist. Er untersucht es aufs genaueste und zerlegt es in seine Einzelteile.
Rechnen sie also damit, dass einiges kaputtgeht. Ihr Wassermann-Kind will zwar nicht wirklich etwas zerstören, aber es möchte erfahren, wie es funktioniert. Technik, so primitiv sie auch sein mag, fasziniert es alle Mal mehr als ein simples Quietschpüppchen aus Weichplastik. Damit beschäftigt es sich wohl auch, allerdings nur, um zu ergründen, was denn da drinnen quietscht.

Dass seine ersten Schritte Ihren Fernsehapparat oder Ihren Heimcomputer zum Ziel haben, dürfen

Sie als sicher annehmen. Ihnen bleibt natürlich die Möglichkeit, sämtliche Geräte in ein Zimmer zu konzentrieren, die Tür zu versperren und sich den Schlüssel um den Hals zu hängen. Sie haben dann wenigstens so lange Ruhe, wie Ihr Liebling braucht, um das Schloss abzumontieren.

Sie halten das für maßlos übertrieben? Dann lassen sie sich überraschen! Auf die eine oder andere Weise wird Ihr Knirps schon dafür sorgen, dass er zu seinem Vergnügen und die verschiedensten Handwerker zu ihren Reparaturarbeiten kommen. In einigen Jahren aber macht er vielleicht seine Schandtaten gut, indem er Ihre Stereoanlage wieder in Gang bringt oder für Sie ein erstklassiges Computerprogramm schreibt.

Fragen Sie ihn nicht, wieso er das kann. Er weiß es nämlich selber nicht. Es gibt vieles, was er nicht erst mühsam lernen muss. Intuition? Oder ein Dutzend unsichtbare Antennen, die er ständig ausgefahren hat und mit denen er sein Wissen auf geheimnisvolle Weise aufnimmt? Die merkwürdigsten Gedanken scheinen ihm einfach zuzufliegen. Damit verblüfft er nicht nur Sie, sondern auch seine Lehrer.

Seine Gedanken und seine Logik sind meistens bezwingend und haben auch ebenso viele Facetten. Deshalb ist es nicht immer leicht, sie nachzuvollziehen. Sie bemühen sich redlich.

Wären Sie ein Wassermann, so wüssten Sie, wie das vor sich geht. So aber stehen Sie vor einem Rätsel. Ihr kleiner Wassermann könnte es Ihnen

durchaus erklären, wenn er wollte. Allerdings will er meistens nicht.
Er ist ganz sicher, dass sein Schluss richtig ist, und das genügt ihm. Wozu Ihnen auseinandersetzen, wie er dahin gelangt ist? Das wäre mühselig und ihm viel zu langweilig. Außerdem macht es Spaß, Sie oder die Lehrer oder die ganze Welt ein bisschen an der Nase herumzuführen, wie das ein Clown im Karneval tut...
Für Außenstehende ist ein solches Verhalten vielleicht amüsant, für Erzieher weniger. Sie schätzen zwar die Intelligenz, die Wortgewandheit, den Witz und den ungeheuren Einfallsreichtum Ihres Wassermann-Kindes. Zugleich aber nehmen sie es ihm gewaltig übel, dass es anscheinend weder willens noch imstande ist, seine Talente zur richtigen Zeit und am richtigen Ort unter Beweis zu stellen. Leider haben sie damit gar nicht so Unrecht. Sie gehen – gezwungenermaßen – ins Detail und kauen den Lehrstoff so lange durch, bis ihn auch der Dümmste kapiert hat.

Ihr Sprössling jedoch möchte Neues erfahren, statt Altes endlos zu wiederholen. Um der tödlichen Langeweile zu entgehen, könnte er natürlich mit seinem Banknachbarn ein Gespräch anfangen. Aber ihm ist ja hoffentlich klar: So etwas bringt einen Verweis ein. Also zieht er es vor, sich eine kleine Science-Fiction-Geschichte auszudenken. Verstehen Sie nun, wieso er, urplötzlich, nach dem ersten Menschen auf dem Mond befragt, herausplatzt: "Perry Rhodan!"?

Selbst die größte Strenge kann solche gedankliche Purzelbäume nicht verhindern. Dafür sorgt schon die überreiche Phantasie Ihres Kindes. Sie lässt sich nicht ohne weiteres fesseln. Morgen entführt sie es vielleicht in den Amazonasdschungel und übermorgen in die Grabkammer des Tutenchamun.

Und die Antworten, die sein geplagter Klassenlehrer bekommt, werden dementsprechend sein. Was Ihnen bleibt, ist die Hoffnung, dass sich irgendwann einmal zufällig die tollen Einfälle Ihres Sprösslings mit dem Unterrichtsstoff decken. Er wird dann zeigen, was in ihm steckt, und Sie müssen vor schlechten Zensuren keine Angst mehr haben. Er fürchtet sie ja auch nicht, weiß er doch um die Relativität derartiger Beurteilungen. Und nichts liegt ihm ferner, als sich durch gute Noten ein Image zu verschaffen, das er gar nicht nötig hat. Wozu auch?

Freunde hat er ohnedies wie Sand am Meer, und was noch weit wichtiger ist: er findet täglich neue. Er ist ein wahrer Meister im Anknüpfen von Kontakten, spontan, unkonventionell und lebhaft interessiert an allem, was auf zwei Beinen umherläuft. Er sammelt sozusagen Menschen. Ob das nun der halbwüchsige Sohn eines arabischen Ölscheichs ist, den es in unsere Breiten verschlagen hat, oder ein kleiner Vietnamese. Ob ein schüchternes Türkenmädchen oder der Liftboy aus dem Grand-Hotel – Ihr Sprössling kommt mit ihnen ins Gespräch. Wahrscheinlich bringt er sie auch mit nach Hause.

Hoffentlich sind Sie frei von Vorurteilen. Andernfalls ist es durchaus denkbar, dass Sie sich etwas unbehaglich fühlen. Nehmen Sie sich doch ein Beispiel an der Freimütigkeit und Toleranz Ihres Wassermannes. Er ist erhaben über derlei Bedenken und verstaubte Ansichten. Sind wir denn nicht alle Brüder? Na, sehen Sie!

Versorgen Sie also die einzelnen Objekte seiner Kuriositätensammlung mit Limonade und mit ein paar netten Worten. Sie werden bald feststellen, dass sie auch nur Menschen sind. Und dass Sie Ihren letzten Groschen für sie opfern, verlangt ja niemand von Ihnen, nicht einmal Ihr kleiner Wassermann. Obwohl er selbst dazu durchaus fähig wäre, denn für seine Freunde tut er alles.

Hier sollten Sie ihn etwas bremsen, bevor sein Sparschwein den Hungertod erleidet. Seine Reaktion auf solche Vorhaltungen ist vermutlich ablehnend. Dann müssen Sie ihm Zeit zum Nachdenken lassen. Entschlüsse, die er selbst fassen darf, sind meist überraschend vernünftig. Er findet schon den richtigen Weg. Er findet ihn umso leichter, je unauffälliger Sie ihn lenken.

Der Wassermann in der Liebe

Der Wassermann-Mann in der Liebe

Wie alle anderen astrologischen Luftzeichen hat auch unser eigenwilliger Wassermann-Adam seine Schwierigkeiten mit diesem rational unbegreifbarem Etwas, das sich Seele und Gefühlsleben nennt. So ist auch seine Liebesfähigkeit eher eine Kopfentscheidung, ob er den damit verbundenen Gefühlsmomenten die Erlaubnis geben soll, in seinem Leben eine Hauptrolle einzunehmen.

Unser bizarrer Menschenfreund mit dem Hang zur seelischen Einsamkeit hat es dadurch leicht, sich über die für ihn schwülstigen, sinnlich-emotionalen Bedürfnisse seiner Partnerin hinwegzusetzen. Das bringt ihm unweigerlich den Ruf eines gefühlskalten Einzelgängers ein, der über Gefühlsleichen wandelt.

Aber diese Verhaltensstrategie ist nur ein persönliches Schutzschild für ihn, hat er doch im Grunde keinen blassen Schimmer, wie in einer erfüllten Liebesaffäre mit dem sensiblen Instrument der Gefühle gespielt werden soll. Dickköpfig und stur setzt er seine Erfahrungsmomente als das "Nonplusultra" an und verlangt von seiner Partnerin, ihn einfach so zu nehmen, wie er sich gibt. Er lässt sie ja auch in Ruhe, und sie kann machen, was sie will.

Also macht er auch, was er will, und das besonders im zwischenmenschlichen Bereich. Sicherlich ist er ein begnadeter Entdecker und Erfinder, der ein Faible für die allerneuesten gesellschaftlichen und futuristischen Strömungen hat. Gerade auf partnerschaftlichem Gebiet jedoch versagt des Öfteren seine geniale Kunst, aus dem Geistigen neue Lösungen für die menschlichen Grundbedürfnisse zu entwickeln.

Unser eigenwilliger Held kann, bildlich gesehen, die größten und stilistisch schönsten Brücken konstruieren, deren ausgeklügelte Statik und Belastungsfähigkeit einen kleinen Ausschnitt aus seiner genialen Weitsichtigkeit widerspiegelt. Doch als Brückenbauer auf partnerschaftlichen Gebieten finden wir hier eher den Typus des vom Leben herb enttäuschten Wassermann-Adams. Oft hat er sich allzu egoistisch und seelisch abweisend den Weg zu seinem Herzen verbaut.

Bei unserem geistig fixierten Helden finden wir oft einen besonderen, tragikomischen partnerschaftlichen Schlagabtausch mit einem ehemals geliebten Menschen. In seinen Augen hat dieser es nie verstanden, ihn ganz und gar so anzunehmen und so zu akzeptieren, wie er ist.

Doch für andere, mehr gefühlsmäßig orientierte Tierkreiszeichen erscheint unser skurril vergeistigter Held eher als eigensinniger und mit der Zeit immer mehr verschrobener Einzelgänger, mit dem auf Dauer keine echte tief greifende Partnerschaft wachsen kann.

Zu abrupt wechselt unser aus dem Kopf lebender Held die Pferde mitten im wilden Galopp und schlägt für seinen Partner einen nicht voraussehbaren Lebensweg ein. Das hält auf Dauer kein „normaler" Mensch aus. Doch den normalen Menschen sucht er ganz bestimmt nicht, am allerwenigsten in der Liebe.

Nein, eine ganz ausgefallene Liebe sollte es schon sein. Seine Wunschfrau ist eine selten zu verwirklichende, unbefriedigende Projektion seiner Seele, die gerne aus dem geistigen Gefängnis seiner Welt entfliehen möchte. Ein immens hoher Anspruch an seinen Partner ist meist die Folge davon.

Aber es gibt auch Wassermann-Männer, die mit sich und der Welt ins Reine gekommen sind und die ihr besonderes Schicksal angenommen haben und versuchen, mit dem Kopf unterm Arm aus der Mitte des Bauches zu leben. Das sind die wahren Menschenfreunde, die geborenen, verständnisvollen Liebhaber, die gleich von vornherein klarstellen, dass sie keine normale Ehe und keine Beziehung auf Dauer anstreben. Viel lieber lassen sie sich frei und ungebunden von Gefühl und Geist tragen. Einer flüchtigen und ereignisreichen Begegnung gegenüber sind sie sehr aufgeschlossen. Sie ziehen es aber schnell wieder vor, sich aus dem Verhältnis zu lösen, wenn sie merken, dass es wieder mal sehr eng für sie ums Herz wird.

So bleibt unser Wassermann-Adam seinen Partnern ein ganzes Leben ein Buch mit sieben Siegeln, dessen menschliches Geheimnis er sich selbst zu finden vorgenommen hat, das ist das ganze Problem dabei. Man könnte sagen, sie geizen mit Liebe, haben sie doch den nie versiegenden Urquell dieser Erfahrungswelt noch nicht vollständig in sich entdeckt und erschlossen.

Und auf dieser eigenwilligen, unbeschreiblich fremd wirkenden Suche nach dem persönlichen Schlüssel zu sich selbst bleiben viele unserer Helden auf dem Weg stecken und verstricken sich in egoistische, weltfremde Anschauungen und Einsichten, die selten jemand ganz nachvollziehen kann. Es fehlt die Kraft, sich ganz und gar in eine rundum erfüllte und sinnlich-emotional bereichernde Liebe zum du einzubringen. So hofft ein Wassermann-Mann immer, die einzig wahre und echte ihn liebende Frau zu finden, die ihm aus diesem kosmischen „Schlamassel" heraushelfen wird.

Die Wassermann-Frau in der Liebe

Sie hat es in einer nüchternen, technokratisch und männlich-orientierten Welt leicht, sich mit den kosmischen Gegebenheiten ihres männlichen Luftzeichens auseinanderzusetzen und sich dessen Talente und hochgeistigen Begabungen ungezwungen zu bedienen.

Dass es oft auf Kosten ihrer natürlichen Weiblichkeit geht, kann sie verhätnismäßig leicht verschmerzen.

Eine echte und aufopfernde Mutter für die Kinder ihres Geliebten wird sie in den seltensten Fällen spielen wollen. Liebt sie es doch viel mehr, ungebunden und emanzipiert ihren sinnlich-emotionalen Bedürfnissen direkt und erfolgssicher nachzugehen. Das macht unsere Wassermann-Eva so herrlich unkompliziert im Umgang mit den Männern, und diese wissen es auch zu schätzen. Doch sie hat auch ihre Allüren und Besonderheiten im zwischenmenschlichen Umgang, die beachtet werden sollten.

Die größte Schwierigkeit auf dem Weg zur vollendeten partnerschaftlichen Harmonie ist das trotzige, Wassermann-typische Festhalten an der langsam erworbenen Persönlichkeitsstruktur, die sie nicht Hals über Kopf durch eine Liebesaffäre aufs Spiel setzen will.

Aber auch im alltäglichen „Eheleben“ spielt sie ungern die Rolle der treu sorgenden Eva am heimischen Herd und verlangt in allen Bereichen Gleichberechtigung, sei es im Beruf, in der Freizeit und im Liebesleben. Liebend gerne bedient sie sich ihrer natürlichen weiblichen Waffen, um daheim oder auch im Beruf zum gewünschten Erfolg zu kommen.

Für unsere seelisch-emotional unterkühlte Wassermann-Eva ist es daher ein Leichtes, sich von Partner zu Partner zu hangeln, um die jeweilig besten Angebote geschickt und clever für sich auszunutzen. Dies bringt ihr auf dem Markt der freien Herzen den Ruf einer männerfressenden „Emanze“ ein, mit der „mann“ es nicht leicht hat, ungeschoren davonzukommen.

Nur der wahrhaft tapfere und unerschrockene Held sollte ein „Techtelmechtel“ mit ihr anzetteln.

Sensible, schüchterne Gefühlstypen und Träumer haben bei ihr keine Chance. Sie braucht einen exklusiven, imposanten Vollblut-Mann.

Die hohen Ansprüche, die sie an sich und ihr Leben stellt, soll auch ihr Liebster in einer nicht zu engen Partnerschaft erfüllen. Dass sie aber dafür eine Gegenleistung erbringen muss, kommt ihr selten in den Kopf. Sie ist so von sich selbst und ihrer einmaligen, weiblichen Persönlichkeit und Anziehungskraft überzeugt, dass sie es für eine Gnade ansieht, wenn ein anderer mit ihr denselben Raum und die gleiche Luft teilen darf.

Doch oft wird sie an ein Persönlichkeits-Monster männlicher Art kommen, dem sie dann hilflos ausgeliefert ist. Von ihm wieder loszukommen, dazu braucht sie ihre ganze persönliche Kraft und Energie.

Sie wollte die einmalige großartige Liebe, jetzt hat sie sie am Hals und weiß nicht mehr, wie es weitergeht. Klar, eine Trennung hat sie schon längst hinter sich, aber sie fand in der erneuten Suche nach einer festen Stütze und nach Verständnis für ihre eigensinnigen Ansprüche keinen vollwertigen Partner.

Also kehrt sie notgedrungen zu ihm zurück, indem sie die neue Zusammenkunft als zufälliges Ereignis gestaltet. Sie erweckt die alte Liebe wieder zum Leben.

Bald jedoch wird sich diese Partnerschaft wieder in den alten Gleisen von eingefahrenen Gewohnheiten und persönlichen Verteidigungsstrategien bewegen. „Verdammt nochmal, was mache ich eigentlich immer verkehrt, warum klappt es wieder nicht mit meiner Liebe?“

Dies ist erst der Anfang eines langen, Wassermann-typisch schmerzhaften Erkenntnisprozesses der Selbstfindung, der immer mit einem gesunden Egoverlust enden wird, wenn sie diesen Weg bis zum Ende geht. Dann erfährt sie Freude und gelöste Heiterkeit im sorglosen Umgang mit Seele, Liebe und Leidenschaft.
Unsere Wassermann-Eva sollte nicht versuchen, ihre weibliche Natur und ihre sinnlich-emotionalen Ansprüche an umfassende Erfüllung in die Enge und Starrheit ihrer geistigen Vorstellungswelten einzugliedern.
Ein langer Weg vom Kopf zum Herzen. Aber der einzige Weg, der ihr die Geheimnisse „Mensch“ und „Liebe“ voll und ganz aufschlüsselt. Sie braucht einen ganzen Mann für diesen langen und beschwerlichen Weg.

Der Wassermann-Mann und seine Partnerinnen

Wassermann-Mann und Widder-Frau

Das trifft sich gut. Denn es gelingt unserem Wassermann-Adam, dieses wilde unbändige Lebensbündel von einer Widder-Eva mit der Zeit elegant in den Griff zu bekommen.

Er versteht ihre vitalen Eskapaden voll und ganz, geht es ihm doch ähnlich, und er kann sie so akzeptieren, ohne immer dabei gleich „auszuflippen". Sie fühlt sich endlich mal so richtig verstanden und weiß auch die angebotene freiheitliche Dimensionierung dieser eher freundschaftlichen Affäre sehr zu schätzen. Doch es gibt ein Handicap in dieser kosmischen astrologischen Partnerkonstellation. Dieses Hindernis ist die allzu naiv und einfältig wirkende, spontane Sorglosigkeit unserer Widder-Eva, die sich gar nicht um Vorausberechnung und diplomatisches Kalkül weder im Berufsleben noch in privaten Bereichen kümmert.

Er fühlt sich dadurch oft von ihr überfahren und hält sie für kindlich naiv. Hochgeistige Auseinandersetzungen wird er sich mit ihr schlecht vorstellen können, solche Gespräche und Gedankenspiele bleiben immer im Ansatz stecken. Unsere impulsive Widder-Lady ist nun mal keine Theoretikerin, sie will die Welt und sich selbst unmittelbar spüren und erfahren.

Unser versponnener Held kann ihr aber neue Welten und Wege dazu aufdecken und sie als Persönlichkeitsbereicherung in dieser Partnerschaft anbieten. Für unseren vergeistigten Menschenfreund bleibt immerhin ihre erotische Anziehungskraft. Wenn das kein Angebot ist, das man sich überlegen sollte!

Wassermann-Mann und Stier-Frau
Eine seltene astrologische partnerschaftliche Konstellation. In dieser Beziehung rückt keiner von beiden auch nur einen Millimeter von seinem Standpunkt ab.

Grund genug also, um in fortdauernde Streitereien über Gott und die Welt zu verfallen. Man(n)/ Frau liebt die Klärung der eigenen Inhalte im Gegensatz zum anderen und schafft sich so automatisch ein ungesundes Reizklima, in dem es sich auf Dauer nur sehr schlecht leben lässt. Doch dieses Klima wollte keiner von beiden.

Hier haben wir zwei wirklich kompromisslose Egoisten vor uns, deren persönliche Werte und Identifikationen in ganz verschiedenen Erlebnissphären verankert sind. Unser Held sucht seine Identität in den „verrücktesten" gedanklichen Modellen und Anschauungen über sich selbst und über den wahren geistigen Aufbau der Welt. Er verteidigt die einmal erworbenen Erkenntnisse unerschrocken gegenüber jeder Kritik. Seine geistigen Parameter halten also alles fest im Griff, auch seine Erlebnisse mit den ihm eher wesensfremden Sphären von Liebe, Leidenschaft und Seele.

Und unser so zart wirkendes Stierchen wird zäh und verbissen die vergeistigte, verschrobene Gedankenwelt des Partners als nicht maßgeblich abtun. Sie hat doch viel eher den einzigen Schlüssel zum Zugang von Sein und Werden, nämlich den pragmatischen Gebrauch aller sinnlichen Genüsse, die diese Welt und ihr Körper für sie bereithält.

Sie macht sich ungern längere Gedanken über die geistigen Zusammenhänge, denn sie bedeuten ihr nur dann etwas, wenn sie sie auch direkt sinnlich erfahren und genießen kann. Also eine Beziehung, die sehr leicht auf Dauer in Chaos und Selbstvorwürfen enden kann. Die anfängliche Begeisterung füreinander wird bald abkühlen, wenn beide die Ignoranz bemerken, mit des sie sich in Wahrheit begegnen, und dabei ist es nicht mal Absicht. Doch so verbissen sie ihre Identitäten bewahren, so verbissen könnte auch dieses Pärchen um den Fortbestand dieser eigenwilligen und arbeitsreichen Partnerschaftskonstellation kämpfen, wenn noch ein Funken echter Herzensliebe zwischen den beiden glüht.

Wassermann-Mann und Zwilling-Frau

Er ist wahrscheinlich so ein „ausgeflippter Jet-Set-Psychologe", und sie ist eine intellektuelle, modische Verlagsleiterin für feministische Bewegungen.

Beide haben sich auf einer der üblichen „High Society"-Partys kennen gelernt. Ein kurzer Abtausch, die Sache war klar: das erste Rendezvous schon gelaufen, die Adressen ausgetauscht, die Rahmenrichtlinien abgesteckt, ein netter Plausch hier und da, man sieht sich ab und zu und ist ganz von dieser Welt.

Sie findet ihn einfach „todschick". So ein flottes Verhältnis mit einem „spleenigen Psycho-Fritzen" ist ihr auch noch nicht untergekommen. Dazu hat er jede Menge „Kohle", und eine Artikelserie über „Psycho-Klempner" für ihr Blatt hat sie auch schon längst im Kopf.
Der Arme, er weiß noch gar nichts von seinem Glück. Natürlich wird sie den Namen ändern, aber sie kriegt es schon so hin, dass jeder weiß, mit wem sie es zu tun gehabt hat.

Das Ganze wird so dahinplätschern, jedem das Seine geben, und mit der Zeit öde Langeweile bei beiden hervorrufen.

Wassermann-Mann und Krebs-Frau
Auch wieder so eine Beziehung, in der die Erlebniswelten so weit auseinander liegen wie Nordpol und Südpol. Eine Partnerschaft, die sich eher in unbedarften jüngeren Jahren abgespielt hatte, in Zeiten, wo Verliebtsein wichtiger war als wirkliches Auskommen und echtes Verständnis füreinander.

Doch auf Dauer würden sich beide etwas vormachen. Unser Held müsste angesichts der partnerschaftlichen Forderungen des elementar weiblichen Krebs-Zeichens und der natürlichen Weiblichkeit seiner Krebs-Eva echtes Mitgefühl und sensible emotionale Einsicht heucheln und sich in seine geistige Elfenbeintürme zurückziehen. Diesem seelisch-sinnlichen Anspruch unseres Mond-Mädchens könnte er auf Dauer nicht standhalten, geschweige denn etwas adäquates dagegensetzen.

Eine Ergänzung ist auch in den wenigsten Beziehungen zu entdecken, es sei denn, er schreibt illustre Romane und braucht ihre vielfältige weibliche Intuition, um einen lebendigen Quell an Ideen, Träumen und Wünschen für seine Arbeit parat zu haben.

Unsere reizende Krebs-Lady würde sofort mitmachen, nur sollte er sie wirklich umfassend in sein Herz geschlossen haben, ansonsten würde sie vor Kummer und seelischer Unausgeglichenheit in dieser einseitigen Liebe eingehen wie eine Blume ohne Wasser. Eine schwierige Partnerschaft.

Wassermann-Mann und Löwe-Frau
Laut astrologischer Elementenanalyse ein ideales Paar, treffen sich hier doch Luft- und Feuerzeichen, also Elemente, die sich gegenseitig brauchen und die eine Steigerung im positiven Sinne erfahren.

Alles ist denkbar und vorstellbar, aber was hilft es uns, wenn man nichts anfangen kann. Genau das wird eine feurige Löwen-Dame unserem „spleenigen" und eigensinnigen Wassermannhelden vor die Nase halten.

Was will er denn mit all seinen Gedanken und Vorstellungen? Soll er doch erst mal was aus sich machen und nicht immer im Ansatz stecken bleiben, nein, mit so einem unfertigen Typ möchte ich nichts zu tun haben. Sie wird ihm ganz gehörig Dampf machen.

Ob er sich das gefallen lässt, hängt von vielen Faktoren ab, vor allem aber: Sie muss ein Prachtstück von einer Frau sein, dann wird unser Wassermann den Mund halten und so tun, als ob ihre Ausführungen Gehör bei ihm fänden.
Doch sie wird bald sein schnödes Spiel durchschauen und ihn an die frische Luft setzen. Denn im Grunde will er sich nur in ihrem Lichte von seiner besten Seite betrachten.
Und unsere eitle und stolze Löwen-Dame wird sich auch nur in Ausnahmefällen einen bockigen Einzelgänger ins Haus holen. Es sei denn, er wür-

de Staudämme bauen und jede Menge „Kohle“ machen und ständig auf Achse sein, sodass sie in Ruhe sein Geld für ein angenehmes Leben in Luxus und Wohlstand verwenden kann.

Doch auch dieser Zustand würde nicht allzu lange dauern, wenn sie erführe, dass er schon seit Jahren eine feste Freundin neben ihr hat und sie regelmäßig betrügt. Das geht zu weit!

Wassermann-Mann und Jungfrau-Frau
Was beide verbinden könnte, wären die beiderseitigen Talente von geistiger Regsamkeit und Cleverness im Umgang mit Menschen.

Eine Arbeitsbeziehung eher als eine heiße Liebesaffäre, denn unserem Helden steht der Sinn nach einer üppigen, vitalen Lebensbraut. Fehlt ihm doch diese Ebene in seiner Lebensweise angesichts seiner geistigen Überbetonung.

Diese Lebenseinstellung wird er nur in den seltensten Fällen bei unserer sorgsamen und vorsichtigen Jungfrau-Eva finden. Sie ist eher ein „Kräutchen Rühr-mich-nicht-an“, die mit einem heldenhaften, aber reinlichen Kuss erweckt werden möchte.

Aber den, bitteschön, von Arnold Schwarzenegger, den Bizeps mit Grips. Da muss unser eher schmächtiger Held passen. Zwar trainiert er seine kleinen grauen Zellen mit allerlei starkem Zeug wie Schach, Computerprogrammen und diversen Sprachen und elementaren Philosophien von Zeit, Sein und Raum. Doch einen Pfennig Energie in seinen Körper zu stecken, nein danke. Da futtert er lieber teure Vitamine. Und damit kommt er bei unserer Naturköstlerin eben gerade nicht an.

Aber er will ja auch gar nicht so recht, zu bieder und harmlos erscheint ihm das zu erwartende Liebesabenteuer. Er kann sich nur schwer vorstellen, dass sich hinter dieser netten zierlichen Person eine leidenschaftliche Frau verbirgt.

Meistens hat er ja auch recht, aber unsere Jungfrau-Mädels können auch auf diesem Gebiet viel lernen. Pech für ihn, Glück für sie, ersparte sie sich durch ihre geschickte Tarnung wieder mal eine herbe Enttäuschung.

Wassermann-Mann und Waage-Frau
Natürlich ist sie ihm gleich aufgefallen. Doch ob er bei ihrer nach Ästhetik und Schönheit suchenden Aufmerksamkeit landen kann, sei dahingestellt.

Unsere Wassermann-Männer sind nun nicht die „Beaus" und Schönlinge, die gelangweilt auf Partys herumstehen und darauf warten, dass eine erobernswerte flotte Braut ihren Weg kreuzt.

Sein Äußeres ist zwar skurril und modisch überaus extravagant, doch auf einen männlichen „Hühnerhabicht mit Punkschnitt" hat unsere feinnervige und wählerische Waage-Eva wahrlich wenig Gelüste. Für ein flüchtiges „Tête-a-Tête" wird es aber dennoch reichen. Der Reiz ist doch groß, sich dieses Ereignis nicht entgehen zu lassen, denn jeder von ihnen hat ein Aufsehen erregendes Flair von geistiger Wachsamkeit und verspielter Grundstimmung in Bezug auf Liebe und Leidenschaft.

So wird sich unser Wassermann-Adam in die lange Liste ihrer Liebhaber eintragen dürfen, und er ist sich wieder einmal bewusst geworden, wie schön es doch im Grunde ist, allein zu leben.

So trennen sich die Wege, bevor beide sich überhaupt richtig kennen gelernt haben. Macht nichts, werden beide sagen, es gibt noch genügend andere Partner auf diesem überfüllten Planeten, und damit haben sie nicht mal so Unrecht. Eine reizende Gesellschaft, so unverbindlich und höflich.

Wassermann-Mann und Skorpion-Frau

Was beide zusammenführen könnte, wäre das gemeinsame Interesse an den geheimen und unerklärlichen Dingen dieser Welt und an den tiefsten persönlichen Prägekräften der menschlichen Natur.

Aber nicht nur der Drang, den Dingen dieser Welt restlos auf den Grund zu gehen, ist eine gemeinsame Basis, sondern auch der beiderseitige Wunsch nach einer erfüllenden Sinnlichkeit.

Dies könnte leicht dazu führen, dass unser Held sich von seiner Skorpion-Eva in eine sinnlich-emotionale Abhängigkeit leiten lässt. Doch mit der Zeit ist diese seelische Nähe zu einem Menschen nicht mehr tragbar, und er wird sich aus der Umklammerung lösen wollen.

Er sollte auf der Hut sein, einem Skorpion entgeht nichts, und er ahnt manches voraus. Hier hilft dann nur noch blitzschnelles Wegtauchen, um nicht vom giftig-tödlichen Stachel erwischt zu werden. Falls er es mit einer Skorpion-Lady zu tun hatte, die ihren Stachel gegen sich selbst richtet, entfällt auch diese sportliche Einlage.

Er hinterlässt dann eine noch grüblerische und vom Leben enttäuschte Skorpion-Eva, die die Schuld für die zerbrochene Partnerschaft bei sich selbst suchen wird: Das erhoffte Wassermann-Licht, das klärend und erhellend in ihrem Leben strahlen sollte, ist nicht mehr, und die altbekannte Dunkelheit und sinnliche Schwermut wird wieder die Oberhand gewinnen.

Nein, mit solch einer perfekten Selbstzerfleischung möchte er nichts zu tun haben, hat er es doch auch oft schwer, sich aus seinen verstaubten, skurrilen Geistesecken zu lösen, um gelassen und sinnlich froh am irdischen Leben teilnehmen zu können. Alles in allem eine brisante und tief schürfende Partnerschaft für zwei reife Menschen.

Wassermann-Mann und Schütze-Frau

Was von der astrologischen Seite verträglich erscheint, wird durch die unterschiedlichen kosmischen Wirkprinzipien von Verdichtung (Wassermann) und Verteilung (Schütze) wieder in Frage gestellt.

Denn unserem geistig fixierten Wassermann-Adam erscheint die viel beweglichere und über alles sich hinwegsetzende Schütze-Lady als völlig haltloser und undurchschaubarer Mensch. Ihr fehlt Ordnung und geistig-moralische Disziplin.

Sicherlich ist sie eine begehrenswerte, dynamische Frau mit Hang zu einem großen Liebhaberkreis, doch auf Dauer würde diese kosmische Beziehung sich auseinander leben. Unserem auf seinen persönlichen Schicksalsweg eingeschworenen, eigenwilligen Wassermann-Adam wird es überhaupt nicht gefallen, dass unsere flotte Jupiter-Braut dafür wenig Verständnis hat. Ihr Schicksal liegt nämlich im ewigen Fluss des Lebens und nicht am Festhalten einmal erworbener Erkenntnisse.

Sie sieht seine Begabung zu hoher Erkenntnisfähigkeit, aber auch gleichzeitig sein oft vorhandenes Unvermögen, dies auch gekonnt im Alltag umzusetzen. Trotz allem könnte sie ein neuer Impuls in seinem Leben sein.

Dabei steht sie ihm weiblich-kameradschaftlich auch weiterhin gerne zur Verfügung, lässt doch unsere liebenswerte Schütze-Eva ihre einmal ins große Schützenherz geschlossenen Freunde in den seltensten Fällen im Stich. Mann/Frau zieht wieder auseinander, und daraus kann sich eine neue, anregende Freundschaft entwickeln. Vielleicht doch ein Bund fürs Leben?

Wassermann-Mann und Steinbock-Frau
Falls sich unser in vielen Dingen sonderbarer Held mit einer zähen, vernünftigen und etwas unterkühlten Steinbock-Lady arrangieren will, sollte er sich auf eine größere Umerziehungsaktion seiner Persönlichkeit gefasst machen:

Zu wirr und unausgegoren kommen ihr seine Vorstellungen und vor allem sein Lebenslauf vor. Hier wird nur der eiserne Besen weiterhelfen, wird sie sich denken, falls unser Held ein lohnenswertes männliches Objekt ihrer Wahl ist.

Eine gute Position sollte er schon haben, denn mit einem versponnenen „Wolkenkuckucksheimbewohner“ hat sie nichts im Sinn, auch wenn er ein Prachtexemplar von einem Mann ist.

Und da es unserem luftigen Helden ja sowieso an Leidenschaftlichkeit fehlt, wird ihm auch eine in diesem Sinne eher unterentwickelte Steinbock-Lady nicht allzu viel weiterhelfen können.

Mann/Frau wird sich diesbezüglich befremdlich gegenüberstehen. In dieser kosmischen Konstellation fehlt ganz einfach der feurige Impuls einer hitzigen Leidenschaft, deren glühender Anfangsimpuls für erfüllte Jahre und eine glückliche Zeit sorgt. So muss nach dem traurigen Eingeständnis des beiderseitigen sinnlich-emotionalen Unbefriedigtseins eine konstruierte Partnerschaft gebastelt werden, die meistens unter den seelischen Belastungen zusammenstürzen wird. Keine leichte Sache.

Wassermann-Mann und Wassermann-Frau

Hier treffen zwei Menschen aufeinander, die sich voll und ganz verstehen können. Ist doch jeder von ihnen auf der Reise zu einem wunderbaren, aber eigenwilligen Ich, einer Reise, die allein und von anderen unverstanden zelebriert wird, denn auf andere Meinungen gibt ein Wassermann nicht viel.

Er und sie leben in ihren eigentümlichen Welten, weit jenseits von allen Normen und bürgerlichen Reglementierungen. So begegnen sich in dieser astrologischen Partnerschaft die jeweiligen spiegelbildlichen Traumpartner.

„Endlich, sie will genau das Gleiche wie ich und lebt auch ihr eigenes freies Leben". Umgekehrt wird sie das auch von ihm behaupten. So beginnt eine enge und stabile Liebe, die im Grunde eigentlich die Liebe zu sich selbst ist. Im vollendeten Sinnes des „Liebe deinen Nächsten wie dich selbst" genau die Sache, um die es letztendlich geht. Doch allzu oft finden wir nicht diese uneigennützige Selbstliebe bei unseren Wassermann-betonten Mitmenschen, sondern eher verschrobene narzisstische Umtriebe einer selbstgefälligen Beweihräucherung, die sich Selbst-Liebe schimpft.

Die Gefahr des plötzlichen Auseinanderbrechens, bedingt durch die sprunghafte Uranusnatur der Wassermänner, wäre also nur mit der vollen Intensität der Herzensliebe zu bändigen.

Ansonsten würde man sich etwas vormachen, und die bewundernswerte gemeinsame Partnerschaft wäre nur ein Kompromiss, um nicht mehr mit sich selbst allein zu sein, und das wäre doch wirklich schade.

Wassermann-Mann und Fische-Frau

Oberflächlich gesehen gibt es wenig gemeinsame Verbindlichkeiten. Unsere Fische-Eva träumt ihr Leben, und unser Wassermann-Adam denkt sich sein Leben. Im Grunde also zwei entgegengesetzte Persönlichkeitsstrukturen.

Doch gerade von einer Fische-Frau könnte unser seelisch unterentwickelter, luftgekühlter Verstandesmensch einiges an herzlicher und mitfühlender Menschlichkeit mitbekommen; ja, sogar lernen. Denn in ihrer sinnlich freigiebigen und unendlichen Innenwelt kommt er mit seinen eingefahrenen Gedankenmodellen von Sein und Wirklichkeit nicht weiter.

Und falls der Funke einer innigen Liebe übergesprungen ist, muss er schon notgedrungen seine alten Verhaltensmuster ablegen und sich eine neue, lebendige und vielfältige Innenhaut zulegen, um ans Ziel zu gelangen.

Doch kann er sich ihr voll und ganz anvertrauen? Diese Frage wird erst dann beantwortet werden, wenn sie längere Zeit zusammengelebt haben. Doch auch unsere Fische-Lady braucht ihre tierkreisspezifische Befriedigung.

Sie braucht männliche Umsetzungskraft, emotionale Stabilität und vor allem Elastizität. Aber das muss unser vergeistigter Held erst noch lernen. Er wird gut daran tun, unsere liebreizende, sinnliche und einfühlsame Gefühls-Lady nicht gleich nach dem erstbesten Streit an die frische Luft zu setzen.

So kann sich eine belebende und würzige Liebe entwickeln, in der beide sehr viel lernen können und auch gewinnen können. Unsere oft etwas chaotische Fische-Frau sieht den wahren Sinn von geistiger Einsicht und genialer Übersicht, und unser Held erkennt die Wichtigkeit eines erfüllten sinnlichen Lebens.

Die Wassermann-Frau und ihre Partner

Wassermann-Frau und Widder-Mann

Laut astrologischer Elementenlehre müssten sich unsere eigenwillige Wassermann-Lady und unser „Hans-Dampf in allen Gassen" blendend verstehen und miteinander auskommen.

Dass dem nicht immer so ist, liegt an der unterschiedlichen Spannweite des Vorstellungsvermögens unserer geistig aktiveren Wassermann-Eva und an dem oft unüberlegt und spontan handelnden Widder-Adam. Er erscheint in ihren Augen ein wenig naiv, und sie wird ihm schon die Flötentöne beibringen müssen, falls sie sich denn doch einen Prachtkerl von einem impulsiven Marsianer geangelt hat.

Diese Partnerschaft setzt natürlich Wohlverhalten, Toleranz und vor allem ein wenig selbstlose Liebe voraus. Unsere trotz all ihrer Verschrobenheit und exzentrischer Lebensweise im gewissen Sinne disziplinierte Wassermann-Lady wird sich diesen ungehobelten Kerl schon nach ihren Bedürfnissen zurechtschnitzen. Dies versucht sie zumindest immer wieder. Doch es hilft nichts. Unser wilder Widder wird sich erst in älteren Jahren von ihr zähmen lassen. Mit „Jungtieren" wird sie ihre liebe Mühe haben.

Wassermann-Frau und Stier-Mann

Hier haben wir zwei fixe Tierkreiszeichen, d.h. zwei sehr von sich überzeugte und sture Persönlichkeitsstrukturen. Keiner rückt auch nur einen Millimeter von seinen Standpunkten ab, wenn nicht damit ein spürbarer Erfolg verbunden ist.

Im Grunde also eine schwierige Partnerschaft, in der es oft und gerne zu handfesten Auseinandersetzungen kommen kann. Beide sind letztendlich auch Gewohnheitsfanatiker, alles muss seinen Platz und seine Rituale haben, wehe, es passieren neuartige und unvorhersehbare Dinge.

Leider gilt das auch für unsere sonst so „ausgeflippte“ Wassermann-Lady, die sich gerne mit dem Flair eines exklusiven und unberechenbaren Lebensschicksals schmückt. Aber tief im Herzen ist sie genauso konservativ und bodenständig wie unser Stier-Mann, der alles haben will, was die Welt an Genüssen und Wohltaten für ihn bereit hält.

So sind beide wie zwei magnetische Pole, die sich abstoßen; so fremd und in verkrusteten Verhaltensstrukturen gefangen werden sie sich gegenseitig empfinden. Aus der anfänglichen Begeisterung entsteht schnell Befremdung und eine gewisse Abscheu. Sieht man sich doch im anderen mit all seinen Fehlern und Schwächen als Spiegelbild wieder.

„Igitt, was für ein Typ, der stopft alles in sich hinein, kaut die ganze Zeit mit verträumt glasigem Blick vor sich hin und sagt keinen Ton. Und dann sein schwülstiges Liebesleben, da mache ich nicht mit", wird sich unsere nun besonders unterkühlte Wassermann-Eva denken. Doch sie übersieht, dass sie im Grunde auch nur alles in sich hineinstopft, doch auf einer anderen Ebene. Sie möchte geistigen Besitz, ideellen Wohlstand und Exklusivität haben.

Für sie ist sein Verhalten Kompensation und Verdrängen persönlicher Angelegenheiten, die unser Stier nie so richtig formulieren kann. Und bei ihr ist es umgekehrt. Sie kann alles geistig formulieren, aber um das Formulierte in geordnetes Tun umzuwandeln, fehlt ihr die stoische Gelassenheit eines Stier-Mannes. Keine leichte Beziehung.

Wassermann-Frau und Zwilling-Mann

Das wäre am besten nur eine kurzfristige Affäre, so zum Fasching. Denn solch eine astrologische Kräftekombination lässt kein Auge trocken. Was hier an Witz, Aberwitz und verspielter bis verschrobener Taktik des Liebeswerbens geboten wird, könnte ganze Romane füllen.

Hier ergibt ein Wort das andere, die Geistesblitze funken, die Champagnerflaschen knallen, auf Umstehende wird keine Rücksicht genommen.

In dieser Konstellation will man(n)/frau sich in erregenden sinnlich-geistigen Momenten erleben und sich durch den anderen bestätigt feiern. Ein Liebesfest für pure Egoisten, die daraus auch keinen Hehl machen. So kommt man sich näher und näher, bis die ganze Affäre bis zum Rand mit verspielter Lebensenergie angefüllt ist.

Ein kleiner Tropfen einer verschlafen und alkoholisiert dahingehauchten Antwort an einem lausigen, verregneten Morgen wird das Ganze zum Zerplatzen bringen. Jetzt helfen keine Wortspiele und clevere Taktiken mehr, die Geister, die man rief, wird man nicht mehr los, ein Wirbelsturm der unverstandenen Gefühle wird beide schütteln und rütteln. Dazu kommt noch ein gehöriges Maß an Zweifel, ob sie sich wirklich liebten, ob das Ganze nur ein glänzendes Schauspiel erfahrener Schwerenöter war, usw. Doch Mutter Natur hat in Form seelischer Kräfte auch noch ein Wörtchen mitzureden.

Wassermann-Frau und Krebs-Mann
Besser nicht. Oder doch? So wird es unseren beiden Verliebten ergehen, die sich oft wesensfremd gegenüberstehen.

„Was meint er denn nur mit seinem Gemurmel von Treue, Liebe, Kindern und Karriere?“

Aus einem verträumten und schüchternen Krebs-Adam klug zu werden, ist keine leichte Sache, und eine Liebe auf den ersten Blick wird es in den seltensten Fällen sein.

Sucht doch unsere stolze und emanzipierte Wassermann-Eva keinen unausgegorenen und schüchternen Mond-Mann.

Oft ist er ihr in vielen Fällen einfach zu lahm, und der Funke der ersten Begegnung war auch nur die Spiegelung ihrer unerfüllten Leidenschaft im klaren Wasser seiner reinen Seele. Wie sollte es dann angesichts dieser extremen Getrenntheit von Erleben und Interpretieren noch zu einem wirklichen Verständnis füreinander kommen? Sicherlich wird sie mehr Glück haben, wenn unser Mondmann schon in reiferen Seelengewässern angelangt ist, dann könnte daraus ein schillerndes und verspieltes Pärchen auf freundschaftlicher Basis werden. Ansonsten – eher eine Ehe für die Gruppentherapie –! Aber da macht unser Mondmann nicht mit.

Wassermann-Frau und Löwe-Mann

Im Grunde eine in aller Hinsicht großartige und voluminöse Beziehung. So großartig die Begeisterung füreinander sein kann, so großartig können aber auch Hass und Enttäuschung aus den nur schwer zu vereinigenden, persönlichen Wesenskräften entstehen.

Sie wird sich solch einen selbstbewussten Löwe-Mann gerne als persönliche Bereicherung zulegen wollen, hat er doch Charme und Talent. Außerdem ist er ein gebildeter, weltgewandter Gentleman mit gehobenen Manieren. Was will sie mehr. Dass er, was Leidenschaft und Erotik angeht, ähnlich gedämpft empfindet wie sie, bekommt sie erst einmal gar nicht mit.
So fühlt sie sich durch sein sinnliches, bedächtiges Verhalten in ihrer etwas vergeistigten Rolle vorerst bestätigt. Unser Löwe-Pascha ist auch froh, endlich mal an eine Frau zu geraten, die nicht ständig Heldentaten von ihm erwartet.

So ein Stress macht unseren menschenfreundlichen Sonnenhelden mit der Zeit richtig herzkrank, also ist Schonung angesagt, und die findet er bei unserer exklusiven Wassermann-Lady.

Doch wehe sie geraten sich wegen persönlicher Profilierungswünsche in die Haare. Dann faucht der Löwe, und unsere Wassermann-Dame wirft mit ausgesprochenen Gemeinheiten um sich.

Eine Partnerschaft, die am gemeinsamen Größenwahn sehr bald zerbrechen kann. Hier sollten beide lernen zu verzeihen und sich daran erinnern, dass nicht alles so heiß gegessen wie gekocht wird. Eine extreme Beziehung, von der beide die Finger lassen sollten, falls noch irgendwelche ungeklärten persönlichen Sachverhalte zwischen den beiden liegen. Eine Partnerschaft also erst für reifere Jahrgänge.

Wassermann-Frau und Jungfrau-Mann

Das dürfte wohl eher eine zweckorientierte Beziehung ergeben. Falls sie ein technisches Büro leitet und er ihr Hauptingenieur ist, so wäre es für beide ein Leichtes, aus dieser geschäftlichen Angelegenheit eine private Liebesaffäre zu inszenieren.

Gerne futtert unser penibler und ordentlicher, in Liebesangelegenheiten etwas unbedarfter Jungfrau-Adam aus der Hand seiner Chefin. Hier findet er wahres weibliches Verständnis für sein Nutzdenken.

Sie sieht die Welt doch fast aus den gleichen Augen wie er. Was Schwächen, Gefühls- und Sinnlichkeitsbereich angeht, so bieten sich diesen beiden geistig talentierten Menschen genügend Hilfsmittel, diese für sie peinlichen vitalen Notwendigkeiten auf ein gesundes Mittelmaß zu reduzieren. Eine konstruierte Partnerschaft, in der jeder auf seine Kosten kommt.

Doch vor lauter Geschäftemacherei übersehen beide die unberechenbare Existenz ihrer Seelenkräfte, die sich niemals durch besonnene Verhaltensstrategien verdrängen lassen. So kann es nach Jahren des eingespielten Rollenverhaltens in dieser Konstellation zu unvorhersehbaren Einbrüchen seelischer und existentieller Natur kommen.

Er und Sie werden trotz aller Vorsicht und Absprache einander fremd und sogar ein wenig misstrauisch. Eine verzwickte Sache. Es klappt alles im bürgerlichen Rahmen, aber es fehlt die Lebenswürze.

Wassermann-Frau und Waage-Mann
Keine schlechte Partie für unsere versnobte Einzelgängerin. Hat doch so ein formvollendeter Waage-Gentleman das gewisse Etwas, das Mehr, das ihn aus der grauen Masse der alltäglichen Begegnungen heraushebt. Er sucht die holden Frauen in allen Lebenslagen, um sich mit weiblichem Glanz und sinnlicher Fülle zu schmücken.

Dieses eigennützige Verhalten wird unsere Wassermann-Lady anfangs gerne und locker auf die leichte Schulter nehmen, verhält sie sich doch, was Männer angeht, nicht unähnlich. Der Beste, der Schlauste, der Wohlhabenste, der Ausgeflippteste sollte es schon sein. Und unser diplomatischer Waage-Held wird ihr auch das passende Bild zu ihrer Vorstellung liefern können.

So machen beide sich was vor und verlieben sich nebenbei auch noch ineinander, gibt es doch viele hochgeistige und ästhetische Interessen auch bezüglich der gemeinsamen Lebensgestaltung. Er lässt sie in Ruhe, wann ihr danach ist, und sie verzeiht ihm seine Eskapaden, denn die Katze lässt das Mausen nicht.

Er liebt nun man alle Frauen, ob blond oder braun. Was seine typische Unentschiedenheit und sein schlaffes Durchsetzungsvermögen angeht, so wird sie ihm schon gehörig Druck verpassen. Und unser geschickter, nie um eine Ausrede und neue Standpunkte verlegener Venus-Held wird solch ein Prachtweib nicht so leicht entweichen lassen. Er wird sie durch sein ewiges Hin- und Her-Getue so meisterhaft verunsichern, dass letztendlich sie ihn fragt, wo es lang geht, obwohl sie es doch viel besser weiß.

Beide möchten den Boss markieren, wer gewinnt? Eine abwechslungsreiche, freizügige Partnerschaft, wenn daraus ein vitales, faires „Kopf-an-Kopf-Rennen“ um die Hauptrolle in diesem Schauspiel wird.

Wassermann-Frau und Skorpion-Mann

Eine überaus energetische Beziehung, für die eine normale Lebensbühne wahrlich zu klein ist. Denn hier verzehren sich zwei menschliche Extreme, die einem aber auch alles abverlangen.

Sie sieht in ihm den Magier der Sinne, und für ihn ist sie eine begnadete Zauberin und Hexe mit hochkarätigem geistig-intuitiven Hintergrund.

Er bietet ihr seine enorme Liebesfähigkeit an, um sich durch ihre sinnlich geistige Erwiderung endlich mal aus einem anderen Licht betrachten zu können.

Eine Partnerschaft, die im Grunde einen lebenslangen Lernprozess darstellt, in dem sich die Gegensätze von Mann und Frau, von Geist und Seele die Hand reichen müssen, um zu überleben. Falls sie es aber nicht schaffen, sich gemeinsam auf dem ereignisreichen und gefährlichen Lebensweg zu arrangieren, so wird der eine den anderen irgendwann unweigerlich in den verderblichen Abgrund seines eigenen Schicksals stürzen.

Denn beide leben gerne aus dem Affekt, und so regiert oft blinde Lust am Streit. Die Folgen sind kaum heilbar, und um Vergebung wagt keiner von ihnen zu flehen. So schaffen sich die beiden eine Vorhölle auf Erden, oder das Paradies. Das kosmische Talent ist auf jeden Fall vorhanden.

Wassermann-Frau und Schütze-Mann
Im Prinzip eine ideale Liebe. Beide haben enorme geistige Vorstellungskraft und träumen sich so ihre eigenen Welten, in denen sie als Helden und Hauptakteure die Starrolle spielen.

Gerne lässt sich unsere nach dem Besonderen suchende Wassermann-Lady von einem flotten und anregenden Schütze-Mann verführen, hat er doch überhaupt keinen Anspruch auf Treue und Partnerschaft. Genau wie sie geht er alles mit unverbindlicher, oberflächlicher Freundlichkeit an.

Diese seelische Unverbindlichkeit ist es auch, die beiden die Angst vor einer allzu engen und schnell frustrierenden Ein-Ehe nimmt. Nein, freiheitliche Persönlichkeitsentfaltung ist angesagt, und beide werden auch ein Auge darauf haben, dass diese Maxime ihrer Liebe niemals durch kleinkarierte bürgerliche Moralvorstellungen entwertet wird.

Auch muss das liebende Paar nicht gleich ein gemeinsames Nest bauen, sondern die Würze einer getrennten Wohnung, wie auch getrenntes Berufsleben, garantieren doch schon eine abenteuerliche Partnerschaft. Weder unser freundlicher Schütze-Adam noch die eigensinnige und extravagante „Wassermännin" möchten sich durch ihre Liebe zueinander in einem vergoldeten Käfig der „normalen Ehe" erleben. Für ihre Freiheiten riskieren beide schon mal Kopf und Kragen, und wenn es sein muss, auch diese Liebe.

Wassermann-Frau und Steinbock-Mann
Wohl eher eine seltene Begebenheit, beide haben so recht keinen Sinn füreinander. Sie ist zu verschroben, ausgeflippt und unberechenbar. Er ist zu konservativ und seelisch wie auch monetär geizig.

Keine Liebe auf den ersten Blick, sondern eher ein nüchternes Abwägen von Nutzen und persönlichem Vorteil, ob und überhaupt. Sie könnte wohl eine gute Sekretärin abgeben, mit der er gelegentlich flirtet, mehr aber auch nicht, doch seine Geschäfte würde sie mit Bravour miterledigen können. Das könnte eine gemeinsame Basis sein.

Für Leidenschaftlichkeit oder seelischen Austausch haben beide Seiten dafür wenig kosmische Talente auf den Lebensweg mitbekommen. Ihre Begabungen liegen im nüchternen und korrekten Umgang miteinander. So wäre diese Konstellation eher etwas für die reiferen Jahre, in denen die vitale und prickelnde Sinnlichkeit ihren Platz an herzliche Innigkeit abgegeben haben.

Außerdem hat unsere Wassermann-Eva wahrlich kein Faible für kleine Wurzelmännchen, die beständig in der Erde herumwühlen, um ihre Schätze laufend zu vermehren. Sie möchte doch im Mittelpunkt seines Lebens stehen und einen handfesten, belastungsfähigen und gutgeformten Liebhaber, der dann auch ihren Mann spielen darf, ihr Eigen nennen.

Ein Typus Mann, der selten unter den eisernen und zähen Steinböcken anzutreffen ist. So ist diese Verbindung ein „zufälliges“ Tête-à-Tête" bzw. eher ein persönliches Versehen, das es gilt, möglichst rasch wieder zu korrigieren.

Wassermann-Frau und Wassermann-Mann

Auf der Suche nach ihrem Ebenbild wird sie auch an unseren versponnenen Einzelgänger geraten. Wie sich die Wege kreuzen, wird er sagen, genau dich suche ich auch, und schwupps! sind beide in einer Beziehungskiste.

Doch bevor der Deckel zuschlägt, ist einer von ihnen schleunigst wieder draußen. Wer? Das sei dahingestellt. Doch damit ist noch lange nicht das Ende der Geschichte erreicht. Durch einen „dummen“ Zufall treffen sie sich wieder, und alles geht von vorne los, bis zur nächsten Flucht eines von beiden.

Ein nettes „Hasch-Mich-Spielchen“, dessen Dauer auch schon mal ein Leben lang währen kann. So kommt man sich näher, und die Kreise schließen sich, doch einer wird sie garantiert wieder sprengen und sich wieder auf sich selbst zurückbesinnen wollen.

Dem ganzen könnte ein Riegel vorgeschoben werden: Gemeinsame Kinder. Doch wer übernimmt die Garantie für ihre Erziehung? Zu sehr sind unsere Tierkreiszeichenvertreter ein Leben lang mit sich selbst beschäftigt, um sich noch um andere zu kümmern. Gerade aber Kinder werden sie notgedrungen davon abhalten, im Grunde sinnlose „Egospielchen“ zu spielen. Kinder sind für unser Paar ein absolut notwendiger „Ego-Killer“.
Sicherlich erscheint ein altruistischer Wassermann als wahrer Menschenfreund, aber meistens tut er nur so, als ob, will er doch mit niemandem etwas persönlich zu tun haben will.
Also gebe ich mir den Schein des Menschenkenners und ziehe mich zu weiteren notwendigen Studien zurück. Das nervige Geschrei ihres Erstgeborenen wird ihnen aber keine Ruhe und Muße bis auf weiteres gewähren. Jetzt müssen beide ran.

Wassermann-Frau und Fische-Mann
„Gemach junger Mann, nicht so stürmisch", so wird unsere Dame sich einen elastischen Fische-Adam erst einmal vom Leibe halten.

Doch sie hat schon längst Feuer gefangen und zögert die Affäre noch ein wenig hinaus. Eine Partnerschaft auf Dauer hat weder Wassermann-Frau noch Fische-Mann im Sinn, und so wird auch dieses Thema in den seltensten Fällen weiter ausgetragen werden.

Es bleibt eine Liebesaffäre für das Tagebuch und für ein paar schöne, unverbindliche Stunden. Ist doch unser kreativer Fische-Mann einfach unbegreifbar und weise, wie er sein Leben gestaltet. So was käme ihr nie in den Sinn.

Sicherlich lässt sie sich gerne auch mal gehen, aber diese übertriebene Gründlichkeit des Sichgehen-lassens wird sie erschrecken, findet man dadurch seine persönliche Integrität nur schwerlich wieder.

Aber das stört unseren gefühlsbetonten und sich auslebenden Fische-Adam in den wenigsten Fällen.

Er liebt das Unhaltbare, das gelebte Chaos des Heute, ohne Sorgen von Gestern und Morgen. Ein Lebenskünstler, von dem sich unsere Wassermann-Lady eine gute Scheibe abschneiden sollte. Ist sie doch des Öfteren allzu verkrampft im Umgang mit den Menschen. Ein gelöster Mensch wie unser Fisch ist sie alle Mal nicht.

Also wieder einmal eine Beziehung, in der es nicht um das Überleben der Persönlichkeitskerne geht, sondern darum, die gelebte und geliebte Vielfalt der Schöpfung gemeinsam auszukosten. Sie lernt, sich zu öffnen, und er sieht seine seelische Intuition in ihrer geistigen Weite und Klarheit wieder.

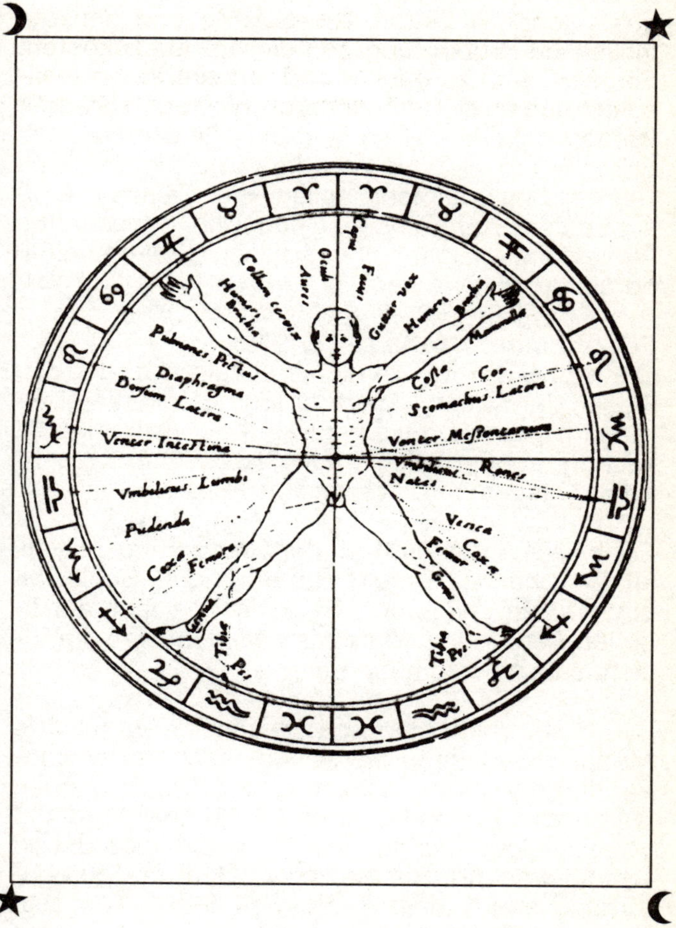
Caput
Oculi
Aures
Faciei
Collum ceruix
Humeri
Brachia
Guttur vox
Humeri
Brachia
Mamillae
Pulmones Pectus
Diaphragma
Dorsum Latera
Costa
Cor
Stomachus Latera
Venter Intestina
Venter Mesenterium
Renes
Nates
Vmbilicus Lumbi
Pudenda
Vesica
Coxa
Femora
Femur
Coxa
Genua
Tibia
Pes
Tibia
Pes

Berühmte Persönlichkeiten

In diesem Kapitel werden Ihnen einige berühmte Vertreter des Tierkreiszeichen Wassermann – darunter finden sich historische wie auch kulturelle Persönlichkeiten – vorgestellt. Hierbei geht es weniger um eine vollständige und umfassende Darstellung, vielmehr sollen die Tierkreis-typischen Verhaltensweisen, Charaktereigenschaften und „kleinen Eigenheiten“ dieser Berühmtheiten herausgestellt werden.

Friedrich der Große (24.1.1712)
Die Krone war für ihn nichts als ein Hut, der den Regen durchlässt. Von der Monarchie hatte er eine ganz neue Auffassung: Nicht der Herrscher ist wichtig, sondern der Staat. Sich selbst betrachtete er als ersten Diener dieses Staates.

Gleich bei Amtsantritt tat der Große Fürst zweierlei: Er schaffte die Folter ab und fiel in Schlesien ein. Dieser Widerspruch zwischen humanistischen Reformen und traditionellen Idealen durchzieht sein ganzes Leben.

Seine Reformen sind beachtlich. Der aufgeklärte Monarch beseitigte die Leibeigenschaft der Bauern und hob die Pressezensur auf. Die Religionen waren zum ersten Mal im christlichen Abendland völlig gleichberechtigt. Und seine Neuordnung von Verwaltung, Rechtswesen, Heer und Kriegsführung schuf einen modernen Staat. Wie sein Oppositionszeichen Napoleon war Friedrich gleichzeitig oberster Staatsmann, Armee-Reformator und Heerführer. Und wie Napoleon zog er mit seinen Soldaten in die Schlacht.

Bis zuletzt lehnte er jeglichen Personenkult ab. Man durfte ihn kritisieren, aber Statuen oder Bilder von ihm waren verboten. Er war ein Gleicher unter allen.

Wolfgang Amadeus Mozart (27.1.1756)
Dieser jungverstorbene Mensch ist eine höchst moderne Erscheinung. Kein Gott wie Goethe, kein Gespenst wie Schopenhauer oder andere Philosophen, sondern ein Mensch, der uns heute noch anspricht, wegen seiner Offenheit, Exzentrik, seines Weitblicks und nicht zuletzt wegen seines kühlen Humors.

Leicht hat es das Wunderkind nicht gehabt. Früh ging er mit seiner Löwe-Schwester Nannerl auf Tournee. In Geldnöten war er immer, und ohne seine Freimaurer-Brüder wäre er längst Bankrott gegangen. Kein Fürst wollte den Freigeist anstellen. Und mit seiner Oper „Cosi fan Tutte" (So sind sie alle) hatte er keinen Erfolg. Zu zynisch und erotisch fand man das Werk.
Er hat keine Schule gegründet und seine Werke nicht schriftlich fixiert. Alles schwebt bei ihm in der Luft, ist leicht, erotisch, gelegentlich dekadent und durchsichtig. Gelobt wurde allgemein die Charakterisierung seiner Figuren: Sie strahlen alle etwas Menschliches aus.

Galileo Galilei (15.2.1564)
In der Kathedrale von Pisa beobachtete er eine schwingende Lampe und machte eine erstaunli-

che Feststellung: Egal, wie weit die Lampe schwingt, sie braucht immer die gleiche Zeit.

So entstand die experimentelle Physik, als deren Schöpfer der weit blickende und gelegentlich arrogant wirkende Italiener gilt.

Seine Methode war tatsächlich revolutionär. Statt sich auf kirchliche und gelehrte Autoritäten zu stützen, befragte er die Natur. Das war zu damaliger Zeit ganz und gar unwissenschaftlich. Er übernahm Erkenntnisse des „niederen" Volks, denn er verkehrte mit Schiffsnavigatoren, Armee-Ingenieuren, Zimmermännern und Instrumentenbauern.

So entdeckte er nicht nur die Parabelgestalt des schiefen Wurfs (was für die Kriegsführung wichtig war), sondern bastelte auch selber Instrumente. Er verbesserte das Fernrohr und entdeckte eine Fülle von astronomischen Phänomenen.

Dass er dadurch mit der Kirche in Konflikt geriet, war zwangsläufig. Trotz bester Beziehungen zum Papst musste er seine Schriften widerrufen bzw. seine Thesen als rein mathematische Theorien hinstellen. Doch der geistig eher hochmütige Experimentator rächte sich und schrieb äußerst populäre Dialoge in Italienisch, in denen er sich über seine Gegner lustig machte.

Die Entdeckung des allgemeinen Gravitationsgesetzes blieb ihm aber vorenthalten. Zu sehr war er – als Gedankenzeichen – auf den Gedanken fixiert, die Planeten müssten sich in Kreisbahnen bewegen. Dennoch bleibt er der Schöpfer der modernen, vorurteilslosen, nüchtern-mathematisch-experimentellen Physik.

Charles Darwin (12.2.1809)
Auf den Bildern sieht er wie ein müder Greis aus, aber das war er ganz und gar nicht. Er war auch ein sehr sportlicher Kleinodien-Sammler.

Gesammelt hat er schon als kleines Kind, von Muscheln bis zu Briefmarken. Statt fleißig zu studieren, sah er lieber den Fischern zu. Sein Denken war bezeichnend für dieses Genie: Tiere von verschiedenen Kontinenten sahen sich ähnlich, Tiere von benachbarten Inseln hatten nichts miteinander gemeinsam.

Die Schlussfolgerung, dass hier eine Art Entwicklung am Wirken sein müsse, drängte sich auf. Und da Darwin Amateur und Laie war, hatte er keine Probleme, aus seinen Beobachtungen die Konsequenzen zu ziehen:

Die stärkste Tierart setzt sich jeweils gegenüber schwächeren durch; und diese natürliche Auslese führt in der Evolution zu einem schrittweisen Wandel der Tierarten.
Zeit seines Lebens blieb der eifrige Sammler und scharfe Beobachter ein Kind: naiv, begeisterungsfähig, geistig ewig jung und voll Humor, Schalk und Schabernack. Bewundernswert bleibt seine enorme geistige Energie und seine Menschlichkeit, die sich auf die gesamte Natur erstreckte. Er hasste Leiden in jeder Form, und weil es so weit verbreitet ist, zog er den Schluss, dass es keinen Gott geben könne.

Abraham Lincoln (12.2.1809)
Wie sein Tierkreisbruder Friedrich der Große setzte dieser zutiefst menschlich denkende und handelnde Staatsmann alles daran, die Einheit des Staates zu wahren. Persönliche Freiheit war ihm ein Herzensanliegen. Oberstes politisches und persönliches Ziel war für ihn die Selbstregierung im Staat und zu Hause.

Zwangsläufig wurde er dadurch zum leidenschaftlichen Befürworter der Demokratie. In religiösen Fragen war er ein Freidenker und Skeptiker, was ihm gelegentlich vorgeworfen wurde

Regiert hat er sehr geschickt, wobei er sich oft auf persönliche Beziehungen stützte. Er konnte andere inspirieren und beeindruckte durch seine einfache, klare Sprache.

Gotthold Ephraim Lessing (22.1.1729)
Er war der einzige deutsche Aufklärer von europäischem Rang. In seinem „Nathan der Weise“ plädiert er für Menschlichkeit und religiöse Toleranz. In seinem Leben und seiner Persönlichkeit war der deutsche Dichter ebenso vielseitig und zersplittert wie sein Land.

Stets war er unterwegs, hatte viele Pläne und unternahm immer neue Experimente. Mit dem Hof und der Zensur kam er wiederholt in Konflikt.

In seiner Weltanschauung war er eher ein nüchterner Wissenschaftler wie Galilei. Sein Motto lautete: Alles mit eigenen Augen sehen, jede Sache von möglichst vielen Seiten betrachten, als

„ungläubiger Anwalt der Wahrheit“ auftreten und immer möglichst vorurteilslos bleiben.

Das Streben nach Wahrheit war für ihn wichtiger als deren Besitz. Als Individualist misstraute er jeglicher allgemeinverbindlichen Wahrheit. Jeder sollte seinen eigenen Weg der Erkenntnis finden.

Die Aufklärung hatte eine besondere Bedeutung für ihn: Sie diente der Vervollkommnung des Menschen. So hat der Mensch auch eine Erziehungsaufgabe. Er soll eine Einheit herstellen zwischen Vernunft und Offenbarung, also zwischen Logik und Intuition, zwischen Rationalität und Mystik.
Die Menschenliebe seines Zeichens führte Lessing zu den Idealen des Urchristentums. Eine Gemeinschaft wie die der frühen Christen, das war sein Ideal.
In seinen Freimaurergesprächen setzte er sich für den Abbau aller Schranken und Abstände zwischen den Menschen ein. Seine Weisheit und Menschenliebe hinderte ihn allerdings nicht daran, seine Kollegen scharf zu kritisieren oder Streitgespräche mit ihnen anzufangen.

Moderne Kritiker sehen in ihm einen Vorläufer der „unbegrenzten Kommunikationsgesellschaft“, wie sie heutzutage durch den Einsatz persönlicher Computer langsam möglich wird.

Sein Ideal war der offene Dialog der Menschen untereinander, frei von Vorurteilen, Ritualen oder den Zwängen der Macht. Er würde gut in unsere Zeit passen.

Bert Brecht (10.2.1898)
Dass er seinem Tierkreisbruder Galilei ein literarisches Denkmal setzte, ist wohl selbstverständlich. Doch neben der Unterdrückung des Menschen durch Staat und Krieg war eines seiner Hauptthemen die gespaltene Persönlichkeit.

Herr Puntila ist ein übler Patron, machtgierig, kleinlich, grob und voller Standesdünkel. Aber unter Alkohol wird er zum Menschenfreund und Duz-Bruder seines Knechts Puntila. Und dann erklettern sie gemeinsam den Berg, der nur in ihrer Phantasie existiert und ins Nichts führt.

Das gleiche Thema findet sich im „Guten Mensch von Sezuan“. Kein Wunder, dass der weit blickende und revolutionäre Dichter einst beim Meister der absurden Logik arbeitete. In seinen Geschichten vom Herrn K. hat er ihm – gemeint ist Karl Valentin – ein literarisches Denkmal gesetzt.

Auch sonst war er recht exzentrisch. Er liebte literarische Formen, mit denen er Anstoß erregen musste, zum Beispiel Bänkelgesänge oder Opern für Bettler, die nur drei Groschen aufbringen können.

Das Chinesische Horoskop

Der chinesische Mondkalender

Die chinesische Astrologie wird vom Mond beherrscht und nicht von der Sonne, wie der westliche Tierkreis. Der chinesische Mondkalender gilt als die älteste Zeitrechnung der Menschheit. Er wurde im Jahre 2637 v. Chr. von dem chinesischen Kaiser Huang-ti eingeführt.

Über die Entstehung des chinesischen Tierkreises gibt es eine alte Legende. Diese besagt, dass Buddha, als er die Erde verlassen wollte, alle Tiere zusammenrief, um sich von ihnen zu verabschieden. Doch nur zwölf Tiere folgten seinem Ruf. Zur Belohnung schenkte Buddha jedem Tier ein Jahr und zwar in der Reihenfolge ihrer Ankunft: Zuerst traf die Ratte ein, dann kamen nacheinander der Büffel, der Tiger, die Katze, der Drache, die Schlange, das Pferd, die Ziege, der Affe, der Hahn, der Hund und zuletzt das Schwein.

Jedes Tier beherrscht in einem Zyklus ein bestimmtes Jahr. Ein voller Zyklus umfasst sechzig Mondjahre und setzt sich aus fünf einfachen Zyklen von je zwölf Jahren zusammen. Danach beginnt der Zyklus wieder von vorne. Jedes Jahr ist auf diese Weise einem der zwölf Tiere zugeordnet.

Das jeweilige Tier charakterisiert das ihm unterstellte Jahr und beeinflusst das Leben der Menschen, die in diesem Jahr geboren wurden.

Wie auch in der westlichen Astrologie werden den zwölf chinesischen Tierkreiszeichen bestimmte

Qualitäten und Elemente zugeordnet, die sich jedoch von denen des westlichen Tierkreises unterscheiden. Dies sind die Qualitäten Yin und Yang und die Elemente Wasser, Feuer, Holz, Metall und Erde.

Die Bedeutung von Yin und Yang

Yin und Yang sind zwei Begriffe, die aus der alten chinesischen Philosophie stammen. Nach dem taoistischen Glauben existiert das Leben mit all seinen Erscheinungsformen durch die Bewegung von Energie zwischen zwei Polen, die als Yin und Yang bezeichnet werden. Sie sind die polare Energiemanifestation der kosmischen Urenergie, genannt Chi.
Yin und Yang sind ein Gegensatzpaar – wie männlich und weiblich, positiv und negativ oder zentripetal und zentrifugal –, durch das Leben entsteht. Die Polarität dieser Gegensätze finden wir in allen Lebensformen wieder. Dabei repräsentiert Yin den weiblichen Pol und wird mit den rezeptiven Kräften in Verbindung gebracht. Man ordnet Yin die Empfänglichkeit, die Intuition, die Nachgiebigkeit usw. zu. Yang ist der männliche, aktive Pol, dem die Initiative, das rationale Handeln, das logische Denken usw. entspricht.

Yin und Yang bilden eine Einheit, da sie sich genau ergänzen. Diese Einheit wird durch einen Kreis dargestellt – das Urprinzip allen Seins und Symbol der Harmonie. Das Gleichgewicht dieser beiden Kräfte ist daher auch verantwortlich für die Herstellung und Erhaltung der Harmonie, sei es im Körper, in der Seele oder im gesamten Kosmos. Aus diesem Grund hat auch jeder Mann (Yang) einen weiblichen Teil (Yin) in sich und jede Frau (Yin) einen männlichen (Yang), eine Vorstellung, die wir auch aus der westlichen Psychologie kennen (die so genannte Anima des Mannes und der so genannte Animus der Frau).

Die chinesischen Tierkreiszeichen werden entsprechend dieser Lehre in sechs Yin-Zeichen und sechs Yang-Zeichen unterteilt. Man sagt, der Yin-Typ sei eher introvertiert, fürsorglich, gefühlsbetont und intuitiv, während der Yang-Typ eher extrovertiert, individualistisch und unabhängig ist. Der Yin-betonte Mensch versucht sich im Kontakt mit anderen Menschen zu verwirklichen, während der Yang-betonte sein Gleichgewicht in sich selbst finden will. Yin-Menschen handeln eher überlegt, Yang-Menschen handeln meist aus einem spontanen Impuls heraus.

Die Tierkreiszeichen, die dem Yin-Prinzip zugeordnet werden, sind folgende: Ratte, Büffel, Katze, Affe, Hund und Schwein. Zum Yang-Prinzip gehören Tiger, Drache, Schlange, Pferd, Ziege und Hahn.

Die fünf Elemente

In der chinesischen Astrologie gibt es fünf Elemente: Metall, Wasser, Holz, Feuer und Erde. Wie Yin und Yang sind auch die fünf Elemente alle gleichwertig und hängen voneinander ab. Alle Elemente stehen in einer Wechselbeziehung zueinander, die wiederum für das Gesamtgleichgewicht ausschlaggebend ist.

Jedes Jahr wird mit einem Element verbunden. Daraus ergibt sich, dass jedes der zwölf Tierkreiszeichen wiederum mit einem bestimmten Element kombiniert wird. Um das Element zu finden, das Ihrem Geburtsjahr zugeordnet wird, können Sie den folgenden Schlüssel verwenden.

Wenn Ihr Geburtsjahr am Ende folgende Ziffern hat, entspricht ihm das in der Tabelle angegebene Element:

1 und 6 = Wasser
2 und 7 = Feuer
3 und 8 = Holz
4 und 9 = Metall
5 und 0 = Erde

Das Element Wasser

Menschen, die in einem Wasser-Jahr geboren wurden, sind gefühlsbetont und weich. Aber sie leben und handeln nach dem Motto: „Steter Tropfen höhlt den Stein“. Mit ihrer Ausdauer schaffen sie es, selbst den härtesten Fels zu

Sand zu zermahlen. Darüber hinaus hat Wasser die Eigenschaft, sehr flexibel zu sein. Dies bedeutet einerseits, dass Wasser-Menschen über eine gute Anpassungsfähigkeit verfügen, andererseits aber auch gerne den Weg des geringsten Widerstandes gehen. Besonders ausgeprägt ist die Intuition der in einem Wasser-Jahr Geborenen.

Das Element Feuer

Das Element Feuer verleiht Entschlusskraft und Selbstsicherheit. Menschen, die unter diesem Element geboren wurden, ergreifen gerne die Initiative und sind voller Schwung und Tatendrang. Im Gegensatz zu Wasser-Menschen sind sie eher ungeduldig. Sie reagieren sehr impulsiv, wobei sie oft dominant und egoistisch wirken. Wie ihr Element, besitzen sie ein feuriges Temperament, und wenn es mit ihnen durchgeht, können sie ziemlich hitzköpfig sein. Wenn der Feuer-Geborene sich jedoch im Zaum hält, liegt sein stärkstes Talent darin, die Dinge ohne zu zögern anzupacken und zielstrebig zu Ende zu führen. Was dabei herauskommt, ist meist sehr erfolgreich!

Das Element Holz

Menschen, die in einem Jahr des Holzes geboren wurden, sind sehr umgänglich, einfühlsam und vertrauenswürdig. Sie verstehen es ausgezeichnet, gemeinsam mit anderen große Projekte zu realisieren, wobei sie die Lorbeeren nicht für sich alleine ernten wollen. Holz-Geborene besitzen ein großzügiges Denken und viel Toleranz. Sie verfügen über ein gesundes Maß an Materialismus, den sie sich gut zu Nutze machen können. Das Element Holz birgt die Gefahr, dass man sich zu viel zumutet oder seine Möglichkeiten überschätzt.

Im besten Falle aber liegt die Begabung dieses Elements in der Realisierung großer Pläne und Aufgaben.

Das Element Metall

Wie das Element Metall, wirkt der in einem Metall-Jahr Geborene recht unbeugsam und starrköpfig. Wenn er sich ein Ziel gesetzt hat, lässt er sich durch nichts davon abbringen, es auch zu erreichen.

Dabei zieht er den Alleingang vor und lehnt jede Einmischung in seine Angelegenheiten energisch ab. Metall-Menschen müssen lernen, nicht immer mit dem Kopf durch die Wand rennen zu wollen, wenn die Sympathie anderer Menschen nichts aufs Spiel gesetzt werden soll – obgleich das „Wände einrennen" zugegebenermaßen eine der stärksten Seiten des Metall-Typs ist!

Das Element Erde

Der in einem Erde-Jahr Geborene ist praktisch und realistisch. Er besitzt einen gesunden Unternehmungsgeist, wobei er sich aber nie in unrealistische Pläne versteigt, sondern vielmehr solide Projekte auf die Beine stellt.

Seine Handlungen sind stets wohl überlegt und gründlich durchdacht, weshalb das, was er tut, meist auch bestens funktioniert. Sein Verantwortungsbewusstsein und seine Disziplin verdienen aufrichtige Bewunderung, obwohl er auf Vertreter anderer Elemente oft etwas zu konservativ und nüchtern wirkt. Doch alles, was ein Erdmensch anpackt, hat Hand und Fuß – und darüber hinaus ein absolut sicheres Fundament!

Der Weggefährte

Wie in der westlichen Astrologie spielt die Geburtszeit auch in der chinesischen eine besondere Rolle. Im westlichen Horoskop ergibt sich aus der Geburtszeit der so genannte Aszendent, dem im chinesischen der „Weggefährte“ entspricht.

Die vierundzwanzig Stunden des Tages werden wiederum in zwölf Abschnitte unterteilt, die jeweils einem Tierkreiszeichen zugeordnet werden. Dabei beginnt der Tag des chinesischen Mondkalenders um 23 Uhr. Der Weggefährte beeinflusst die Qualität des Tierkreiszeichens, unter dem man geboren ist.

Jede der zwölf möglichen Kombinationen von Tierkreiszeichen und Weggefährten bewirkt eine spezielle Färbung der individuellen Persönlichkeit.

Um herauszufinden, welcher Weggefährte ihr Tierkreiszeichen begleitet, suchen Sie bitte in der folgenden Tabelle Ihre Geburtszeit. Das Tier, das in diesen Zeitabschnitt fällt, ist Ihr Weggefährte: Wenn Sie wissen wollen, wie der Weggefährte Ihr Tierkreiszeichen beeinflusst, lesen Sie bitte unter beiden Zeichen nach und kombinieren Sie die Eigenschaften beider miteinander. Sollten Sie unter einem Doppelzeichen geboren sein, das heißt, nach Ihrem Geburtsjahr und Ihrer Geburtsstunde sind Sie beispielsweise Ratte/Ratte, bedeutet dies, dass die Qualitäten dieses Tierkreiszeichens in Ihrer Persönlichkeit besonders markant sind und in Ihrem Leben besonders stark zum Ausdruck kommen.

Stundentabelle

23.00	-	1.00 Uhr	– Ratte
1.00	-	3.00 Uhr	– Büffel
3.00	-	5.00 Uhr	– Tiger
5.00	-	7.00 Uhr	– Katze
7.00	-	9.00 Uhr	– Drache
9.00	-	11.00 Uhr	– Schlange
11.00	-	13.00 Uhr	– Pferd
13.00	-	15.00 Uhr	– Ziege
15.00	-	17.00 Uhr	– Affe
17.00	-	9.00 Uhr	– Hahn
19.00	-	21.00 Uhr	– Hund
21.00	-	23.00 Uhr	– Schwein

Die Ermittlung Ihres chinesischen Tierkreiszeichens

Um Ihr „Haupttierkreiszeichen“, das so genannte „Jahreszeichen“, zu ermitteln, benötigen Sie die Jahreszahlentabellen, die Sie vor der Beschreibung jedes Tierkreiszeichens finden. Suchen Sie in den zwölf Tabellen nach Ihrem Geburtsdatum.

Auch hier unterscheidet sich der chinesische Kalender vom westlichen. Wie Sie aus den Tabellen ersehen werden, beginnt die Einteilung der Jahre nicht am ersten Tag des Monats. Das Jahr der Ratte beginnt beispielsweise am 31.01.1900 und endet am 19.02.1901. Daher sind Tabellen, die nur die Jahreszahlen angeben, ungenau. Wer am 10.02.1901 geboren ist, ist Ratte. Wer hingegen am 10.03.1901 geboren ist, ist Büffel.

Beispiel
Geburtsdatum: 22.01.1950, 4.30 Uhr

Um Ihnen die Suche in den zwölf Tabellen zu erleichtern, hier eine kleine Hilfestellung:

Die chinesischen Tierkreiszeichen, beginnend mit dem Zeichen Ratte im Jahre 1900, halten immer die gleiche Reihenfolge ein.
Das heißt:

1900 = Ratte, 1901= Büffel, 1902= Tiger, 1903= Katze, 1904 = Drache, usw. bis 1911 = Schwein. Das Jahr 1912 ist dann wieder ein Jahr der Ratte, 1913 = Büffel usw.

Wenn Sie, ausgehend vom Jahr 1900, solange mit 12 multiplizieren, bis Sie Ihr Geburtsjahr erreichen oder annähernd erreichen, können Sie bei jedem Zwölfer-Abschnitt mit der Ratte beginnen und bis zu Ihrem Geburtsjahr weiterzählen:

In unserem Beispiel heißt das: in (19)50 geht 12 viermal, Rest 2. Daraus folgt: 12 x 4 = (19)48 + 2 = (19)50.

Daraus ergibt sich: 1948 ist wieder ein Jahr der Ratte, 1949 ein Jahr des Büffels und 1950 ein Jahr des Tigers.

Da Geburtsdaten, die in die Monate Januar und Februar fallen, immer genau im Zeichenwechsel des chinesischen Tierkreises liegen, müssen Sie in diesem Fall in der Tabelle vor und nach dem Zeichen Tiger nach Ihrem Geburtsdatum suchen.

In unserem Beispiel finden wir den 22.01.1950 nicht in der Tabelle des Zeichens Tiger, da dieses erst ab dem 17.02.1950 beginnt. Da unser Datum vor dem 17.02.1950 liegt, suchen wir nun bei dem Zeichen, das vor dem Tiger kommt, nämlich Büffel.

Ihren Weggefährten finden Sie leichter: Sehen Sie in der Stundentabelle nach, in welchem Zeitabschnitt Sie geboren sind.

In unserem Beispiel ist die Geburtszeit 4.30 Uhr. In der Tabelle finden wir:

3.00 – 5.00 Uhr – Tiger.

Wenn Sie um 4.30 Uhr geboren sind, ist Ihr Weggefährte Tiger.

Auch Ihr Element finden Sie sehr leicht: Schlagen Sie dazu die Elementen-Tabelle auf. In unserem Beispiel endet das Geburtsjahr mit der Zahl 0. In der Tabelle finden wir:

5 und 0 = Erde.

Wenn Sie im Jahr 1950 geboren sind, ist Ihr Element Erde. Unser Beispiel ergibt insgesamt: Büffel/Tiger/Erde!

Um zu erfahren, welche individuelle Persönlichkeit der unter diesem Zeichen Geborene hat, lesen wir in Bezug auf unser Beispiel nun als Erstes unter „Büffel" nach, dann unter „Tiger" und „Erde".

Um ein ganz exaktes Bild von Ihrer persönlichen Veranlagung zu erhalten, die Sie mit in dieses Leben gebracht haben, sollte auch das westliche Horoskop berücksichtigt werden. Die chinesischen Tierkreiszeichen, so wie sie hier dargestellt sind, können Ihnen zusätzliche Informationen über Ihre Persönlichkeit liefern. Man sollte sich aber immer vergegenwärtigen, dass die Kombination aller Zeichen Ihres Gesamthoroskops erst Ihre Individualität widerspiegelt, die bei der Vielzahl der Kombinationsmöglichkeiten tatsächlich einmalig ist.

Die zwölf chinesischen Tierkreis-zeichen

Ratte

Yin; festes Element: Wasser
Chinesischer Name: Schu

Jahreszahlentabelle Ratte

31.1.1900 –	19.2.1901
18.2.1912 –	6.2.1913
5.2.1924 –	25.1.1925
24.1.1936 –	11.2.1937
10.2.1948 –	29.1.1949
28.1.1960 –	15.2.1961
15.2.1972 –	2.2.1973
2.2.1984 –	19.2.1985
19.2.1996 –	6.2.1997
7.2.2008 –	25.1.2009

(Die angegebenen Daten beziehen sich auf den ersten und den letzten Tag im Jahr des betreffenden Zeichens.)

Die Ratte-Persönlichkeit
Ganz im Gegensatz zu der Vorstellung, die wir von der Ratte im Naturreich haben, sagt man den in einem Ratte-Jahr geborenen menschlichen Vertretern dieses Tierkreiszeichens ausgesprochen positive Qualitäten nach. Es heißt, die Ratte sei attraktiv, charmant, liebenswert und verführerisch. Darüber hinaus zeigt sie auch noch einen Hang zum Besonderen.

Der Ratte-Geborene tanzt gerne aus der Reihe – und auch gerne auf dem Glatteis. Mittelmäßigkeit ist ihm ein Gräuel und Langeweile sein ärgster Feind. Aus diesem Grund übertritt er mit Vorliebe Verbote, Anstandsregeln und Tabus. Sie können sich sicherlich vorstellen, dass diese Mischung aus Exzentrik und kapriziösem Verhalten auf den ersten Blick eine starke Faszination ausüben kann.

Die Ratte besitzt eine fast magische Anziehungskraft auf ihre Mitmenschen, was nicht verwundert, wenn man ein wenig tiefer in die Geheimnisse ihrer Persönlichkeit eindringt.

Ratte-Menschen geben nur ungern ihre tiefen und innersten Geheimnisse preis. Der Wunsch des Ratte-Menschen, lieber selbst alles im Griff zu haben, resultiert aus einem extremen Sicherheitsbedürfnis. Und um dieses Bedürfnis zu befriedigen, ist er mit einem gesunden Maß an Aggressivität, Durchsetzungswillen, Berechnung und Listigkeit ausgestattet.

Doch wie bei allem im Leben gibt es auch hier eine Kehrseite der Medaille: Ratte-Menschen sind tatkräftig, kreativ, phantasiereich, originell, kontaktfreudig und unterhaltsam. Kein Wunder, dass sie ein wahres Führungstalent besitzen, wie wir bei den berühmten Vertretern dieses Tierkreiszeichens sehen werden.

Die Ratte und ihr Gefühlsleben

Ratte-Menschen sind ausgesprochen gefühlsbetont und vor allem sehr, sehr leidenschaftlich.

Wenn sie glücklich sind und sich geliebt und verstanden fühlen, mangelt es ihnen nicht an Treue. Darüber hinaus besitzen Sie mit der Liebe einer Ratte nicht nur ihre Treue, sondern auch ihre Kameradschaft und volle Unterstützung. Vor anderen verteidigt die Ratte ihren Partner bis aufs Messer.

Doch eines sollten Sie vermeiden: Enttäuschen Sie Ihre Ratte nicht, und lassen Sie sie nicht allzu oft allein. Obwohl wir es in diesem Fall mit einem wahrhaftigen Außenseiter zu tun haben, hat der Ratte-Geborene viel Familiensinn.

Wie wir bereits wissen, legen Ratten keinen besonderen Wert auf Traditionen und Konventionen. Doch das Chaos, das einem bei oberflächlicher Betrachtung im Heim einer Ratte entgegenschlägt, entpuppt sich bei genauerem Hinsehen als wohl geordnet. Es ist eben alles nicht ganz so, wie man es gewöhnt ist, und schon gar nicht, wie man es erwartet.

Hier einige Tipps für ein harmonisches Zusammenleben mit Ihrem Rattepartner. Als Erstes sollten Sie Ihre leidenschaftlichen Gefühle auf keinen Fall verbergen. Im Gegenteil: Ihre Ratte liebt Vulkanausbrüche! Wenn Sie Ihre Ratte betrügen, müssen Sie damit rechnen, dass sie sofort zum Gegenschlag ausholt und sie – fast augenblicklich – „zurück-betrügt".

Falls Ihre Ratte Sie betrügt, war dies ein reines Versehen. Sie werden sicherlich Verständnis dafür aufbringen, sobald Ihre Ratte ihr Plädoyer gehalten hat. Sie werden ein aufrichtiges Schuldeingeständnis mit all den dazugehörigen und absolut einsichtigen Gründen für dieses Missgeschick erhalten.

Ratte-Menschen sind sehr gute Eltern. Wenn Sie Ihre Ratte nicht zu einer sofortigen Annullierung der Ehe zwingen wollen, sollten Sie Ihre Flitterwochen nicht unbedingt pauschal buchen. Geregelte Frühstückszeiten, Vollpension und womöglich ein fester Liegestuhl mit Sonnenschirm am Strand sind für den Ratte-Geborenen ein sicherer Scheidungsgrund.

Und noch etwas, wie Sie das Herz Ihrer Ratte betören können: Schenken Sie Ihrer Ratte zum Geburtstag nicht immer nur Dinge, die wir gewöhnlich als nützlich betrachten. Sicherlich liebt Ihre Ratte-Dame einen gut ausgestatteten Haushalt und Ihr Ratte-Mann eine beeindruckende Bücherwand.

Der Weg zum Erfolg im Zeichen Ratte

Die Ratte liebt ihre Unabhängigkeit. Darüber hinaus ist sie ein ausgesprochener Individualist. Ihr Talent besteht als Erstes darin, zu beweisen, dass alle festen Regeln und Gewohnheiten mit einem Handstreich zunichte gemacht werden können.

Wie klettert eine Ratte die Erfolgsleiter hinauf? Nun, bekanntlich sind Ratten Nagetiere. Also wird die Ratte den sprichwörtlichen Stuhl nicht absägen, sondern durchnagen. Weil sie dies vornehmlich im Dunkeln tut, kann es sein, dass Sie nichts davon bemerken, bis Sie umkippen.

Berühmte Ratte-Persönlichkeiten
Konrad Adenauer, Johann Sebastian Bach, Marlon Brando, Prinz Charles, Doris Day, Mata Hari, Wolfgang Amadeus Mozart, Ronald Reagan, William Shakespeare, Donna Summer.

Büffel

Yin; festes Element: Wasser
Chinesischer Name: Nyu

Jahreszahlentabelle Büffel

19.2.1901 – 8.2.1902
6.2.1913 – 26.1.1914
25.1.1925 – 13.2.1926
11.2.1937 – 31.1.1938
29.1.1949 – 17.2.1950
15.2.1961 – 5.2.1962
3.2.1973 – 22.1.1974
20.2.1985 – 8.2.1986
7.2.1997 – 27.1.1998
26.1.2009 – 13.2.2010

Die Büffel-Persönlichkeit
Der Büffel ist ein sehr erdverbundenes Zeichen. Das bedeutet, dass er es mit seiner bewundernswerten Geduld und Ausdauer Schritt für Schritt zu beträchtlichem Wohlstand bringt. Seine Hartnäckigkeit und sein Pflichtbewusstsein sind der Grund, warum ihm manche Menschen vorwerfen, er sei ein „Dickschädel". Er ist ein unermüdlicher Arbeiter, und alles, was er anpackt und angeht, hat Hand und Fuß.

Alles, was ein Büffel-Geborener anpackt, gelingt auch meist. Wenn er eine Aufgabe übernimmt, plant er sie mit Methode und führt sie zuverlässig zu Ende. Dabei nimmt er sich Zeit, anstatt überhastet und unbedacht darauf los zu stürmen.

Wenn er dies erledigt hat, sollten Sie sich in Acht nehmen, denn plötzlich stürmt der Büffel los. Wenn dieser kraftstrotzende Zeitgenosse erst einmal aktiv geworden ist, kann ihn nichts mehr bremsen, und Sie sollten besser das Feld räumen, wenn er über die Prärie donnert.

Manchmal macht der Büffel den Eindruck, als sei er die Ruhe selbst. Das ist er auch, solange Sie so klug sind, ihn nicht zu provozieren. Wenn ein Büffel tobt, können Sie sich nur noch in Sicherheit bringen, bis sich der Sturm wieder gelegt hat!

Obwohl der Büffel ein Herdentier ist, bleibt er immer ein Individualist. Er liebt seine Unabhängigkeit, ist originell und lebt nach seinen eigenen Prinzipien. Versuchen Sie daher nicht, ihn zu ändern. Vielmehr vertrauen Sie ihm, so wie er ist. Und das können Sie blind, denn es heißt, der Büffel sei das vertrauenswürdigste, ehrlichste und treueste Zeichen.

Der Büffel und sein Gefühlsleben
Obwohl der Büffel-Geborene seine Unabhängigkeit liebt und so leben will, wie es ihm gefällt, besitzt er all die Eigenschaften, die man an einem Lebenspartner schätzt. Sicherheit spielt bei einem Büffel eine große Rolle. Er geht feste und

dauerhafte Beziehungen ein und ist seinem Partner treu ergeben. Er hält nichts von kurzen Liebesromanzen und flüchtigen Abenteuern, weshalb etwas flatterhaft veranlagte Menschen bei ihm auf Granit beißen.

Wenn Sie einen Büffel lieben, sollten Sie sich an praktischen Dingen erfreuen können. Ihr Büffel schätzt es nicht, sein Geld für unnützen Firlefanz auszugeben. Und für überschwängliche Liebesbeteuerungen hat er meistens keine Zeit.

Wie Sie bereits wissen, reagiert der Büffel sehr empfindlich auf das sprichwörtliche rote Tuch. Deshalb sind Sie gut beraten, es nicht unbedingt auf die Spitze zu treiben.

Wenn Sie ein Heim und eine Familie gründen wollen, ein gesichertes Einkommen und Ihren Lebensabend mit einem beachtlichen Bankguthaben und einem komfortablen Eigenheim verbringen wollen, sollten Sie sich einen Büffel an Land ziehen.

Der Weg zum Erfolg im Zeichen Büffel
Wie wir bereits wissen, ist der Büffel ein zäher, zielstrebiger und ausdauernder Arbeiter.

Darüber hinaus lässt er sich keine Vorschriften machen, dafür ist er schlichtweg zu unabhängig und individualistisch veranlagt. Vielmehr entspricht es eher seiner Natur, die Regeln selbst zu bestimmen. Aus diesem Grund ist der Büffel-Geborene nicht dazu bestimmt, eine Position zu bekleiden, in der er nichts zu sagen hat. Der Büffel hat das Gefühl, dass er seine Arbeit selbst am besten erledigen kann. Daher lehnt er Hilfe meistens ab.

Büffel sind keine Träumer und bauen keine Luftschlösser. Sie sind praktisch und realistisch, und so gehen sie auch an ihre Projekte heran. Daher kann man sicher sein, dass ein Büffel-Geborener die Pläne, die er in Angriff nimmt, auch verwirklichen wird – und noch dazu mit großem Erfolg.

Berühmte Büffel-Persönlichkeiten
Aristoteles, Richard Burton, Willy Brandt, Gary Cooper, Charlie Chaplin, Prinzessin Diana, Walt Disney, Hermann Hesse, Hildegard Knef, Jack Nicholson, Robert Redford, Vanessa Redgrave.

Tiger

Yang; festes Element: Holz
Chinesischer Name: Hu

Jahreszahlentabelle Tiger

8.2.1902 –	29.1.1903
26.1.1914 –	14.2.1915
13.2.1926 –	2.2.1927
31.1.1938 –	19.2.1939
17.2.1950 –	6.2.1951
5.2.1962 –	25.1.1963
23.1.1974 –	10.2.1975
9.2.1986 –	28.1.1987
28.1.1998 –	15.2.1999
14.2.2010 –	2.2.2011

Die Tiger-Persönlichkeit

Der Tiger gilt als ein Glückszeichen. In China schreibt man diesem königlichen Tier Macht und Kühnheit zu.

Daher der Glaube, der Tiger sei ein Zeichen des Schutzes, das Kraft verleiht. Die chinesischen Astrologen sagen jedoch auch, dass das Leben der Tiger-Geborenen sehr risikoreich sein kann. Der Tiger gilt als wagemutig, leichtsinnig und abenteuerlustig, was ihn manchmal in Gefahr bringen kann.

Der Tiger-Geborene sprüht vor Lebenslust. Er ist ständig in Aktion, und seine Energie scheint unerschöpflich.

Sein unerschütterlicher Optimismus bewahrt ihn davor, sich um materielle Dinge und ein gesichertes Leben kümmern zu müssen. Der Tiger sorgt sich wenig darum, Geld zu verdienen.

Trotzdem hat er meistens genug Geld und gibt es genauso großzügig wieder aus, um bald darauf wieder im Geld zu schwimmen. Man möchte nun glauben, dass er dafür hart arbeiten muss oder eine geniale Erfindung gemacht hat. Aber dem ist nicht so. Der Tiger hat ganz einfach Glück – und eine Menge Fans, die ihn immer gerne großzügig unterstützen.

Tiger sind leidenschaftlich, gefühlvoll und sehr menschlich. Logischen Argumenten gegenüber sind Tiger nicht so aufgeschlossen, dafür aber umso mehr Lob und Streicheleinheiten.

Das Leben des Tigers ist oft so chaotisch, dass ein anderer glatt Selbstmord begehen würde. Aber nicht so der Tiger, den Sodom und Gomorrha noch lange nicht aus der Fassung bringen können. Und wenn ihm eine Sache doch etwas zu heiß wird, rettet er sich mit einem eleganten Sprung und landet wieder sicher auf allen Vieren!

Obwohl man es nach all dem kaum glauben möchte, besitzen Tiger eine ausgesprochen treue Seele. Sie sind großzügig und haben einen ausgeprägten Gerechtigkeitssinn. Freiheit geht ihnen über alles, vor allem ihre eigene. Jeder, der versucht, sie einzuengen oder ihnen sogar Zwänge oder Regeln aufzuerlegen, lernt das Raubtier in ihnen kennen.

Der Tiger und sein Gefühlsleben

Es ist nicht schwer zu erraten, dass der Tiger sich nicht gerne an die Kette legen lässt. Sollten Sie es dennoch versuchen, werden Sie sehr bald feststellen, dass Sie an Ihrem faszinierenden König des Dschungels keinen besonderen Spaß mehr haben. Aber eines kann Sie beruhigen: Der Tiger ist von Natur sehr treu.

Tiger sind überaus gefühlvoll und großzügig. Darüber hinaus hassen sie jegliche Heuchelei. Was ein Tiger sagt, das meint er auch so. Daher wird er Sie auch nicht belügen.

Wenn Sie sich einen Tiger einfangen wollen, machen Sie sich rar. Tiger machen nicht gerne leichte Beute und lieben die Eroberung.

Ein Tiger kommt sein Leben lang nicht aus der Sturm-und-Drang-Zeit heraus. Wenn Sie sich also zu einem Tiger gesellen wollen, ist das Einzige, was absolut sicher ist, dass es Ihnen nie langweilig wird.

Der Weg zum Erfolg im Zeichen Tiger

Mit seiner Dynamik und seinem Optimismus scheut der Tiger kein Risiko. Er lässt sich auf die waghalsigsten Unternehmungen im blinden Vertrauen ein, dass ihm das Glück schon hold sein wird.

In einer Position, in der seine Freiheit eingeschränkt ist, wird man einen Tiger kaum finden und wenn, dann nicht sehr lange. Klarer Fall, dass er der Herrscher ist, und wer dies in Frage stellt, wird sehr bald eines Besseren belehrt werden.

Der Tiger ist ein Erfolgstyp. Aber er will im Alleingang zu Ruhm und Ehren gelangen und lehnt jede Einmischung in seine Angelegenheiten ab. Nur wenn er das Gefühl hat, es ganz alleine geschafft zu haben, empfindet er seinen Sieg als wahren Triumph.

Auch im Berufsleben braucht der Tiger Bewegung. Daher kann es passieren, dass er öfter eine neue Beschäftigung braucht, weil ihm die alte zu langweilig geworden ist.

Als Selfmade-Typ wird er wohl kaum beständig eine Stufe nach der anderen die Karriereleiter hinaufklettern. Er nimmt die ganze Leiter mit einem

Satz, und wenn ihm das nicht auf Anhieb gelingt, probiert er lieber gleich eine andere Leiter aus.

Berühmte Tiger-Persönlichkeiten
Prinzessin Anne, Königin Elisabeth II., Alec Guinness, Thor Heyerdahl, Marilyn Monroe, Elisabeth Kübler-Ross, Romy Schneider.

Katze

Yin; festes Element: Holz
Chinesischer Name: Tu

Jahreszahlentabelle Katze

29.1.1903 –	16.2.1904
14.2.1915 –	3.2.1916
2.2.1927 –	23.1.1928
19.2.1939 –	8.2.1949
6.2.1951 –	27.1.1952
25.1.1963 –	13.2.1964
11.2.1975 –	30.1.1976
29.1.1987 –	16.2.1988
16.2.1999 –	4.2.2000
3.2.2011 –	22.1.2012

Die Katze-Persönlichkeit
Allen Sprichwörtern zufolge hat die Katze sieben Leben. Ebenso herrscht in China der Glaube, dass das Tierkreiszeichen der Katze ein Symbol der Langlebigkeit ist. Die Katze gibt ein Bild vollendeter Grazie, Eleganz und Harmonie ab. Wie ihre Artgenossen aus dem Tierreich sind auch die menschlichen Vertreter dieses Zeichens ausge-

sprochen geschmeidig und gewandt. Sie verfügen über diplomatisches Geschick und vermeiden, wenn möglich, jeden Streit oder Konflikt.

Katzen sind eher vorsichtig und gehen der Gefahr aus dem Weg. Wenn man sie jedoch in die Enge treibt und ihnen kein anderer Ausweg bleibt, zeigen sie die Krallen und beweisen, dass sie doch eine entfernte Verwandschaft mit einem Raubtier haben.

Mit ihrer warmherzigen, feinfühligen und geselligen Art sind Katzen sehr beliebt als Gastgeber, Freund, Kollege und Partner. Sie glänzen gerne in einem kleinen, vertrauten Kreis, während sie draußen in der Welt eher zurückhaltend und vorsichtig sind.

Alles Unvorhergesehene ist einem Katze-Geborenen sehr verhasst. Ein unerwartetes Ereignis, auf das er sich nicht lange vorbereiten konnte, bringt ihn völlig aus dem Gleichgewicht.

Eine Katze erreicht ihre Ziele niemals dadurch, dass sie mit dem Kopf durch die Wand rennt. Im Gegenteil, sie setzt ihren Willen mit Takt und viel Geschick durch. Sie besitzt ein ausgeprägtes Fingerspitzengefühl für die Art, wie man mit anderen Menschen am besten verhandelt. Daher hat sie auch eine glückliche Hand für gute Geschäfte.

Katzen sind auf charmante und ganz bezaubernde Art raffiniert. Sie schaffen es, ihren ärgsten Feind so geschickt zu umgarnen und ihm so gekonnt zu schmeicheln, dass er glatt dahinschmilzt und ins feindliche Lager überwechselt.

Stress ist für die Katze ein Fremdwort, und wenn jemand versucht, sie anzutreiben, verkriecht sie sich erst einmal hinter dem Ofen, und niemand kann sie so schnell wieder hervorlocken. Katzen sind die geborenen Lebenskünstler.

Die Katze und ihr Gefühlsleben

Katzen sind verständnisvoll und feinfühlig. Wenn Sie jemandem Ihr Herz ausschütten wollen, sind Sie bei einer Katze am richtigen Platz. Wenn Sie aber jemanden brauchen, der Sie bis aufs Messer verteidigt oder sein letztes Hemd für Sie opfert, sollten Sie besser einen Tiger oder einen Hund aufsuchen. Einer Katze dürfen Sie nicht allzu sehr zur Last fallen. Das bringt sie aus der Ruhe!

Da Katzen sehr viel Liebe und Zärtlichkeit brauchen und darüber hinaus auch noch überaus intelligent sind, wissen sie genau, wie sie sich ihre Bedürfnisse erfüllen können. Sie umschmeicheln ihre Auserwählten so liebevoll, dass diese ihren Liebesbezeugungen nicht widerstehen können und meistens nachgeben.

Der Katze-Geborene braucht ein sicheres, warmes Nest, in dem er sich rundherum wohlfühlen kann. Wenn er es einmal gefunden hat, wird er es so schnell nicht wieder verlassen.

Der Weg zum Erfolg im Zeichen der Katze

Die Katze ist der geborene Diplomat, daher kommt sie gut mit anderen Menschen zurecht.

Auch das Rampenlicht tut ihren Augen weh, und sie macht nicht gerne viel Lärm um sich. Ihr Privatleben ist der Katze wesentlich wichtiger als beruflicher Erfolg.

Aber in manchen Situationen macht die Katze das Rennen, während einige Vertreter anderer Zeichen gar nicht bemerken, dass sie gerade dabei sind, von diesem harmlosen, stets freundlichen und zuvorkommenden Wesen elegant und charmant vor die Tür gesetzt zu werden.

Aus sicherer Distanz bewahrt sie den vollen Überblick, und ihren wachsamen Augen und Ohren entgeht nichts, was von Bedeutung ist.

Berühmte Katzen-Persönlichkeiten
Albert Einstein, Agatha Christie, Joachim Fuchsberger, Dieter Hildebrandt, Gina Lollobrigida, Karl May, Henry Miller, Roger Moore, Frank Sinatra, Tina Turner, Orson Welles.

Drache

Yang; festes Element: Holz
Chinesischer Name: Lung

Jahreszahlentabelle Drache

16.2.1904 – 4.2.1905
3.2.1916 – 23.1.1917
23.1.1928 – 10.2.1929
8.2.1940 – 27.1.1941
27.1.1952 – 14.2.1953

13.2.1964 – 2.2.1965
31.1.1976 – 17.2.1977
17.2.1988 – 5.2.1989
5.2.2000 – 23.1.2001
23.1.2012 – 9.2.2013

Die Drache-Persönlichkeit
Dieses Fabeltier sprüht vor Vitalität und Energie. Drachen sind faszinierend und erschöpfend zugleich. Was sie am meisten hassen, ist der fade Alltag mit seiner farblosen Routine. Daher tun sie alles, um ihr Leben möglichst chaotisch zu gestalten und überall Unordnung zu schaffen, um jeglicher Monotonie vorzubeugen.

In China gilt der Drache als das Symbol des Kaisers und der Macht.

Aber es gibt einen kleinen Trick, wie man sich bei einem Drachen Gehör verschaffen kann: Rühren Sie an sein großes Herz!

Wenn ein Drache kämpft, erscheint ein Vulkanausbruch im Vergleich dazu eher harmlos. Wie ein Feuersturm fegt er übers Land und hinterlässt eine Wüste, ohne mit der Wimper zu zucken.

Der Drache braucht eine Aufgabe, für die er seine überschüssige Kraft einsetzen kann, sonst steht er ständig unter Druck, und das bekommt ihm nicht besonders gut.

Auch in den größten Schwierigkeiten lässt sich ein Drache nicht unterkriegen. Er gibt sich niemals geschlagen, selbst wenn eine Sache noch so aussichtslos erscheint. Und kommen Sie ihm nicht mit Vernunft oder logischen Argumenten! Dann verrennt er sich nämlich nur noch mehr!

Der Drache und sein Gefühlsleben

Nach allem, was Sie bereits über den Drachen wissen, können Sie sich sein Gefühlsleben sicherlich lebhaft vorstellen. Der Drache besitzt ein riesengroßes Herz und ein feuriges Temperament. Wenn er liebt, dann mit Haut und Haaren und ohne lange Umschweife.

Wenn Sie von einem Drachen erobert worden sind, werden Sie sich als Auserwählter und obendrein als der glücklichste Mensch der Welt vorkommen! Drachen sind nämlich unwiderstehlich. An der Seite eines Drachen erstrahlt man selbst in seinem schönsten Licht. Sie fühlen sich in seiner Gegenwart einfach großartig.
Einen Drachen zu erobern, ist nicht einfach, denn er tut das sehr gerne selbst.

Der Weg zum Erfolg im Zeichen Drache

Wenn ein Drache die Erfolgsleiter erklimmt, bleibt dies nicht unbemerkt. Er nimmt sie im Sturm, wobei er kaum Notiz davon nimmt, wenn andere dabei auf der Strecke bleiben. Dort, wo alle anderen längst aufgegeben haben, wird es für den Drachen erst richtig interessant. Wenn Sie ihn zur Weißglut bringen oder gar hinausekeln wollen, langweilen Sie ihn mit Routinearbeiten oder bürokratischem Papierkram.

Was der Drache braucht, ist eine ihm angemessene Aufgabe. Er muss Pionierleistungen erbringen und als Erster den Mount Everest besteigen. Da ihm hier leider schon jemand zuvorgekommen ist und auch Kolumbus schon vor ihm in Amerika war, ist seine berufliche Laufbahn häufig recht kurvenreich. Der Drache muss experimentieren und oft mehrere Berufe ausüben.

Berühmte Drache-Persönlichkeiten
Salvador Dalí, Kirk Douglas, Faye Dunaway, Jean Gabin, John Lennon, Jeanne Moreau, Anthony Quinn, Gregory Peck, Ringo Starr.

Schlange

Yang; festes Element: Feuer
Chinesischer Name: Schi

Jahreszahlentabelle Schlange

4.2.1905 – 25.1.1906
23.1.1917 – 11.2.1918
10.2.1929 – 30.1.1930
27.1.1941 – 15.2.1942
14.2.1953 – 3.2.1954
21.2.1965 – 21.1.1966
18.2.1977 – 6.2.1978
6.2.1989 – 26.1.1990
24.1.2001 – 11.2.2002
10.2.2013 – 30.1.2014

Die Schlange-Persönlichkeit
In China gilt die Schlange als die Verkörperung der Weisheit. Und auch andere Vorurteile, die wir im Allgemeinen gegenüber ihren Vertretern aus

dem Tierreich haben, müssen wir korrigieren. Schlangen verfügen über magische Kräfte und übersinnliche Fähigkeiten. Mit ihrer ausgeprägten Intuition sind sie für andere Menschen daher oft rätselhaft und geheimnisvoll.
Schlange-Geborene sind ein Vorbild an Eleganz und Ästhetik.
Schlangen verstehen es, sich gut und teuer zu kleiden, und auch sonst ist alles, was sie besitzen, nur vom Feinsten. Wenn Sie einer Schlange eine Freude machen wollen, gehen Sie mit ihr in den besten Juwelierladen am Platz.

Der Schlange-Geborene verliert nicht einmal angesichts der größten Katastrophe die Nerven. Wie ein Fels in der Brandung bleibt er stets geistesgegenwärtig und meistert die Lage mit Bravour.

Die Schlange und ihr Gefühlsleben

Die Schlange erwartet bedingungslose Treue. In der Liebe kennt sie kaum Kompromisse. Wenn sie ein Opfer auserkoren hat, hypnotisiert sie es, was ihr mühelos gelingt. Danach verschlingt sie es mit Haut und Haaren. Wenn Sie nicht bereit sind, sich ganz und gar in Besitz nehmen zu lassen, sollten Sie versuchen, den Verführungskünsten einer Schlange nicht zu erliegen. Was für andere gilt, muss aber noch lange nicht für die Schlange gelten. Sie selbst nimmt es mit der Treue nicht allzu genau, und in Besitz nehmen lässt sie sich auch nicht so gerne. Sie hat ihre eigenen Vorstellungen von Treue.

Wenn Sie eine Schlange zum Partner haben, wird es Ihnen nicht an interessantem Gesprächsstoff mangeln. Schlangen sind ausgesprochen gute Unterhalter. Sie führen gerne tief schürfende, philosophische Gespräche.

Wenn eine Schlange glücklich und zufrieden ist, ist sie ein sehr umgänglicher Gefährte. Sie kann überaus verständnisvoll und tolerant sein.

Der Weg zum Erfolg im Zeichen Schlange
Schlangen haben kein besonderes Bedürfnis nach Erfolg. Was sie wollen, lässt sich auf einen einfachen Nenner bringen. Sie wollen so leben können, wie es ihnen gefällt. Dies heißt im Klartext: Eine Schlange möchte ein ruhiges und komfortables Leben führen und morgens nicht aus dem warmen Bett kriechen müssen.

Wenn sie nicht bereits als Millionär geboren wurden und daher zur Arbeit gezwungen sind – die ihnen gar nicht liegt – entwickeln daher auch Schlangen eine gesunde Portion Ehrgeiz und Zielstrebigkeit.

Sie besitzen genau die richtige Mischung von Charme, Kaltblütigkeit, Intelligenz, Einfühlungsvermögen und gutem Riecher, um ihre Chance wahrzunehmen, wenn sie gekommen ist und mit einem gezielten Biss zuzuschlagen.

Berühmte Schlange-Persönlichkeiten
Julie Christie, Bob Dylan, Aretha Franklin, Indira und Mahatma Gandhi, Greta Garbo, John F. Kennedy, König Ludwig II. von Bayern, Robert Mitchum, Pablo Picasso, Edgar Allan Poe, Jean Paul Sartre.

Pferd

Yang; festes Element: Feuer
Chinesischer Name: Ma

Jahreszahlentabelle Pferd

25.1.1906 – 13.2.1907
11.2.1918 – 1.2.1919
30.1.1930 – 17.2.1931
15.2.1942 – 5.2.1943
3.2.1954 – 25.1.1955
21.1.1966 – 9.2.1967
7.2.1978 – 27.1.1979
27.1.1990 – 14.2.1991
12.2.2002 – 31.1.2003
31.1.2014 – 18.2.2015

Die Pferd-Persönlichkeit

Kaum ein anderes Tierkreiszeichen ist so freiheitsliebend wie das Pferd. Es braucht viel Auslauf, und zwar sowohl geistig als auch gefühlsmäßig. Was den Pferden fehlt, ist Ausdauer und Stabilität. Dafür sind sie aber umso flexibler und wendiger. Sie können in jeder Situation sofort reagieren.

Was den Pferd-Geborenen Schwierigkeiten macht, sind ihre häufigen Stimmungsschwankungen. Sie leiden unter ihren Launen. Da sie von einem Extrem ins andere verfallen, ist ihr Gemütszustand nur selten ausgeglichen.

Es heißt, dass Pferde ziemlich egozentrisch seien. Das stimmt auch insofern, als sie gerne im

Mittelpunkt stehen und sich oft wie ein Kind im Trotzalter benehmen. Dabei sind sie nicht wirklich egoistisch. Sie wollen nur um jeden Preis das Gefühl haben, vollkommen frei zu sein, und das bedeutet eben, dass alles nach ihrer Pfeife tanzt. Außenstehende empfinden das Pferd daher als ziemlich rücksichtslos.

Doch wie jeder Mensch, hat auch der Pferd-Geborene seine Schokoladenseite. Er ist offen und macht keine langen Umschweife, sodass man immer weiß, woran man bei ihm ist. Darüber hinaus ist er sehr gesellig und ein ergebener Freund, mit dem man im wahrsten Sinne des Wortes „Pferde stehlen kann".

Das Pferd und sein Gefühlsleben

Pferde sind sehr impulsiv und stürzen sich Hals über Kopf in jedes Abenteuer, das ihnen bei ihren weiten Ausritten in die Quere kommt. Sie fangen schnell Feuer, das aber oft nicht sehr lange brennt, weil sie keine Zeit haben, neues Holz aufzulegen. So schnell, wie sie auf Touren gekommen sind, verlieren sie auch wieder das Interesse.

Bei Pferden existiert die „Liebe auf den ersten Blick" nicht nur in der Phantasie. Sie praktizieren sie ihr ganzes Leben lang, und zwar des Öfteren! Ein Pferd dürfen Sie unter keinen Umständen einsperren, wenn Sie verhindern wollen, dass es nach allen Seiten wild ausschlägt. Vielmehr müssen Sie viel Mut aufbringen, um bei seinen waghalsigen Ritten mithalten zu können. Und mithalten müssen Sie, denn ein Pferd möchte nicht alleine gelassen werden, wenn es verliebt ist.

Wenn Sie ihm eine große Freude machen können, schenken Sie ihm etwas, mit dem es noch schneller von einem Abenteuer zum nächsten galoppieren kann.

Der Weg zum Erfolg im Zeichen Pferd
Sie werden auf der ganzen Welt keinen einzigen Bürohengst finden. Wer diesen Begriff geprägt hat, hat auf jeden Fall überhaupt keine Ahnung von Pferden!

Das Pferd stürzt sich mit Begeisterung in neue Projekte. Aber es hat wenig Ausdauer. Wenn sich die Sache zu lange hinzieht, wird sie ihm schnell langweilig. Am liebsten sind Pferde immer unterwegs. Viele Reisen tragen sehr zu seiner Zufriedenheit bei. Wenn möglich, sollte es bei seiner Arbeit auch nicht ständig sitzen müssen. Auch Pferde können ehrgeizig sein, und zwar dann, wenn sie von einer Idee begeistert sind. Dann setzen sie alles daran, ihr Vorhaben auch in die Tat umzusetzen. Zur Erreichung eines Ziels ist ihnen dann kein Weg zu weit.

Berühmte Pferd-Persönlichkeiten
Sean Connery, Frédéric Chopin, Paul McCartney, Rita Hayworth, Jimi Hendrix, Barbra Streisand, Helmut Schmidt, Paul Simon, Armin Müller-Stahl, John Travolta.

Ziege

Yang; Festes Element: Feuer
Chinesischer Name: Yang

Jahreszahlentabelle Ziege

13.2.1907 –	2.2.1908
1.2.1919 –	20.2.1920
17.2.1931 –	6.2.1932
5.2.1943 –	25.1.1944
24.1.1955 –	12.2.1956
9.2.1967 –	29.1.1968
28.1.1979 –	15.2.1980
15.2.1991 –	3.2.1992
1.2.2003 –	21.1.2004
19.2.2015 –	7.2.2016

Die Ziege-Persönlichkeit

Die Ziege ist ein Träumer, der sehr viel Sinn für die schönen und angenehmen Dinge besitzt.
Ziegen leben lieber in einem Traumland als in der nüchternen Alltagswelt. Deshalb überlassen sie die täglichen Pflichten am liebsten anderen, denn es ist nicht so, dass sie von ihren Träumen auch satt werden. Darin liegt die Widersprüchlichkeit der Ziege. Sie verabscheut den grauen Alltag, ist aber auch kein weltfremder Asket.

Was die Ziege unbedingt braucht, ist ein Partner, der für sie sorgt und sie unterstützt. Dafür ist sie auch bereit, sich ihm weitgehend anzupassen. Er muss für den Lebensunterhalt sorgen, damit sie ihre Kreativität entfalten kann. Die Ziege dankt es ihm, indem sie ihn mit ihren phantasievollen Ideen unterhält.

Die Ziege-Geborenen sind verträgliche Menschen, die Streit und Aggression verabscheuen. Ziegen haben keinerlei Zeitgefühl. In den Dimensionen, in denen sie sich meistens aufhalten, gilt auch der allgemein gebräuchliche Kalender nicht. Sollten Sie mit einer Ziege einen festen Termin verabreden, halten Sie besser immer eine Alternative bereit.

Sonst kann es ihnen passieren, dass Sie Ihre wertvolle Zeit damit verschwenden, vergeblich auf die Ziege zu warten. Ihr Lebensrhythmus unterscheidet sich vollkommen von dem eines „normalen“ Sterblichen.

Die Ziege und ihr Gefühlsleben

Ziegen sind Gefühlsmenschen, denen jegliche Logik fehlt. Sie urteilen nach Gefühl, sie handeln nach Gefühl und sie leben nach Gefühl. Ziegen sind treu, solange sie liebevoll gehegt und gepflegt werden. Aber in einer nüchternen Atmosphäre welken sie dahin und machen sich auf, um sich nach neuen Gefilden umzusehen. Dabei kommt ihnen ihre angeborene Neugier sehr zu Gute.

Wenn Sie sich eine Ziege ins Haus holen wollen, müssen Sie bereit sein, ihr alle Geldsorgen abzunehmen. Wenn Sie das tun, kann man Ihnen nur gratulieren! Die Ziege wird Farbe in Ihren grauen Alltag zaubern, dass Sie nur so staunen. Wenn sie versorgt ist, kommen ihre Talente nämlich voll zur Entfaltung.

Der Weg zum Erfolg im Zeichen Ziege

Im Falle einer Ziege muss man nur ein wenig kombinieren, um zu erraten, dass wir es hier nicht unbedingt mit einem Arbeitstier zu tun haben.

Ziegen sind nicht ehrgeizig, was den grauen Alltag anbelangt. Dieses Feld räumen sie lieber sofort und überlassen es denen, die sich hier erproben wollen. Die Ziege hat daran absolut kein Interesse.

Aber jetzt kommt das „große Aber“. Wenn Sie das Talent einer Ziege entdecken und gerne die Rolle ihres Managers übernehmen und das „Mädchen für alles“ spielen, dann entpuppt sie sich als einer der schillerndsten Schmetterlinge auf der ganzen Welt!

Berühmte Ziege-Persönlichkeiten
Isabelle Adjani, Simone de Beauvoir, Boris Becker, James Dean, Cathérine Deneuve, Annie Girardot, Janis Joplin, Laurence Olivier, Walter Scheel, Brooke Shields, John Wayne.

Affe

Yin; festes Element: Metall
Chinesischer Name: Hou

Jahreszahlentabelle Affe

2.2.1908 – 22.1.1909
20.2.1920 – 8.2.1921
6.2.1932 – 26.1.1933
25.1.1944 – 13.2.1945
12.2.1956 – 31.1.1957
29.1.1968 – 16.2.1969
16.2.1980 – 4.2.1981
4.2.1992 – 22.1.1993

22.1,2004 – 8.2.2005
8.2.2016 – 27.1.2017

Die Affe-Persönlichkeit
Affen sind die geborenen Komiker. Ihr größtes Vergnügen besteht darin, ihre Intelligenz dazu zu benutzen, anderen Menschen ein Schnippchen zu schlagen oder sie hinters Licht zu führen. Ein Affe kann sich zwar hochmütig geben, um Sie an der Nase herumzuführen – aber auch das ist wieder nur einer seiner kleinen Tricks! Nein, der Affe will sich einfach amüsieren, und das geht eben manchmal nur auf Kosten anderer.

Zu der vielseitigen Begabung des Affen gehört auch, dass ihm niemand lange böse sein kann, selbst wenn der Affe ihm kurz zuvor das Fell über die Ohren gezogen hat. Affen sind allseits beliebt. Da sie sehr gesellig sind, ist das natürlich sehr zu ihrem Vorteil. Affen sind treue Freunde, freundliche Nachbarn und sympathische Kollegen.

Darüber hinaus besitzt er Weitblick, weshalb er die Folgen seiner Handlungen gut abschätzen kann. Einem Affen das Wasser zu reichen ist nicht gerade leicht.

Der Affe und sein Gefühlsleben
Affen verlieben sich gerne und schnell, aber selbst die größte Liebe macht sie nicht blind. Sie bewahren immer einen kühlen Kopf und entdecken so schneller als andere die Fehler des Partners oder die Schwächen der Beziehung. Das macht es ihnen nicht gerade leicht, ein dauerhaftes Glück zu finden.

Wenn Sie ihn gerne öfter bei sich zu Hause haben wollen, schaffen Sie sich eine große Kinderschar an. Affen bleiben ihr ganzes Leben lang Kinder, weshalb sie am glücklichsten sind, wenn man sie mit Gleichgesinnten Streiche aushecken lässt!

Der Weg zum Erfolg im Zeichen Affe
Affen sind einfallsreich und gewitzt. Sie finden sehr schnell heraus, wo der wunde Punkt ihres Gegners ist oder wie man ihn mit seinen eigenen Waffen schlägt.

Wo so mancher andere Schwierigkeiten hat, was er mit seiner Zeit anfangen soll, ist der Affe ein wahres Genie. Affen können mindestens zehn Sachen gleichzeitig machen.

Affen brauchen viel Abwechslung. Aber da sie so unübertroffen einfallsreich sind, fällt ihnen immer wieder etwas Neues ein, um den grauen Alltag zu beleben. Wenn sich Routine einzuschleichen droht, stellen sie kurz den ganzen Laden auf den Kopf – und schon ist wieder etwas los.

Berühmte Affe-Persönlichkeiten
Jaqueline Bisset, Jill Clayburgh, Joan Crawford, Bette Davis, Federico Fellini, Mick Jagger, Herbert von Karajan, Reinhold Messner, Rod Stewart, Liz Taylor.

Hahn

Yang; festes Element: Metall
Chinesischer Name: Yi

Jahreszahlentabelle Hahn

22.1.1909 – 10.2.1910
8.2.1921 – 28.1.1922
26.1.1933 – 14.2.1934
13.2.1945 – 2.2.1946
31.1.1957 – 16.2.1958
17.2.1969 – 5.2.1970
5.2.1981 – 24.1.1982
23.1.1993 – 9.2.1994
9.2.2005 – 28.1.2006
28.1.2017 – 15.2.2018

Die Hahn-Persönlichkeit

Wenn der Hahn mit seinem prächtigen Gefieder hocherhobenen Hauptes durch die Menge stolziert, zieht er alle Blicke auf sich. Er liebt es, im Mittelpunkt zu stehen, und auch privat will er immer der „Hahn im Korb" sein. Aber das ist nur die eine Seite der Medaille. Hähne sind zudem aufrichtig und ehrlich.

Wer im Zeichen des Hahns geboren ist, hat eine glückliche Hand im Umgang mit Geld. Wenn Sie zu den Unglücklichen gehören, bei denen sich der Gerichtsvollzieher schon ganz wie zu Hause fühlt, holen Sie sich einen Hahn zu Hilfe. Er wird die Sache wieder in Ordnung bringen, aber nicht nur das: Sie bekommen noch eine Strafpredigt gratis dazu!

Der Hahn und sein Gefühlsleben

Hähne brauchen die Bewunderung wie die Luft zum Atmen. Darüber hinaus sind sie aber auch sehr verantwortungsbewusst. Sie kennen ihre partnerschaftlichen Pflichten und füllen sie gewissenhaft aus.

Mit der Treue nehmen sie es nicht so genau. Oft reicht die Bewunderung eines Einzelnen nicht aus, um sie zufrieden zu stellen. So mancher Gockel hält sich daher einen Harem in Reserve.

Dennoch sind Hähne umgekehrt sehr eifersüchtig. Jeden Rivalen schlagen sie in die Flucht. Hähne sind sehr gesprächig und reden viel und gern.

Wenn Sie sich einen Hahn ins Haus holen wollen, sparen Sie nicht mit Komplimenten. Wenn Sie bereits einen Hahn im Haus haben, machen Sie ihm ab und zu eine kleine Szene. Das schmeichelt ihm.

Der Weg zum Erfolg im Zeichen Hahn
Wenn ein Hahn nicht im Rampenlicht stehen und sein Talent im Show-Business entfalten kann, verdient er sich in allen Berufen seine Lorbeeren, in denen er sich als Finanzgenie betätigen kann.

Hähne sind gewissenhaft und vernünftig. Von riskanten Unternehmungen lassen sie von vornherein die Finger, denn dazu fehlt ihnen der nötige Optimismus und die Phantasie. Sie schlagen lieber den sicheren Weg zum Erfolg ein und kommen mit Ausdauer und Methode an die Spitze.

Hähne liefern immer Präzisionsarbeit. Sie erledigen ihre Pflichten mit peinlicher Genauigkeit und Sorgfalt.

Berühmte Hahn-Persönlichkeiten
Jean Paul Belmondo, Prinzessin Caroline von Monaco, Joan Collins, Katherine Hepburn, Elton John, Simone Signoret, Peter Townsend, Peter Ustinov.

Hund

Yin; festes Element: Metall
Chinesischer Name: Gou

Jahreszahlentabelle Hund

10.2.1910 – 30.1.1911
28.1.1922 – 16.2.1923
14.2.1934 – 4.2.1935
2.2.1946 – 22.1.1947
16.2.1958 – 8.2.1959
6.2.1970 – 26.1.1971
25.1.1982 – 12.2.1983
10.2.1994 – 30.1.1995
29.1.2006 – 17.2.2007
16.2.2018 – 4.2.2019

Die Hund-Persönlichkleit
So beliebt Hunde bei ihren Mitmenschen auch sein mögen, sind sie doch selten zufrieden, weil sie ihren angeborenen Hang zum Pessimismus niemals ganz in den Griff bekommen.

Hunde leiden sehr unter ihrer Unruhe. Deshalb brauchen sie viel Sicherheit und Geborgenheit. Hunde verfügen über eine fast unfehlbare Menschenkenntnis, daher kann man ihnen nicht viel vormachen. Wenn der Hund sie aber einmal als seinen Freund auserkoren hat, weicht er Ihnen nicht mehr von der Seite, und Sie werden jeden Tag wieder dankbar sein, dass Sie behaupten können, einen wahren Freund fürs Leben gefunden zu haben.

Der tiefgründige Hund ist nicht nur ein Menschenfreund, vielmehr übernimmt er auch mit Vorliebe eine humanitäre Aufgabe. Darin kann er vollkommen aufgehen und sogar seine eigenen Sorgen vergessen!

Der Hund und sein Gefühlsleben
Der Hund unterscheidet im Umgang mit Menschen nur zwischen Freund und Feind. Er wittert sofort, wer einen guten und wer einen schlechten Charakter hat, und daran orientiert er sich auch. Obwohl er nach außen hin tolerant ist, wird er sich mit niemandem näher einlassen, der seiner feinen Nase nicht so ganz gefällt. Wenn er enttäuscht wird, vergisst er das ein Leben lang nicht. Hunde besitzen nämlich ein ausgezeichnetes Gedächtnis und darüber hinaus sind sie sehr empfindlich und verletzbar.

Ein Hund ist warmherzig und liebevoll. Er gibt es Ihnen unmissverständlich und ohne große Umschweife zu verstehen. Der Hund ist die Treue in Person.

Der Weg zum Erfolg im Zeichen Hund
Wie Sie sehen werden, gibt es sehr viele prominente Hunde und das, obwohl der Hund sehr selbstlos ist. Selbst wenn er eine Führungsposi-

tion einnimmt, verhält er sich immer human, fair und großzügig. Vielleicht ist das sein Trumpf im Ärmel, der ihn so erfolgreich macht.

Hunde müssen an eine Sache glauben, dann machen sie sie zu ihrer Lebensaufgabe. Wenn Hunde diese gefunden haben, beweisen sie, zu welchen Opfern sie fähig sind und welch ein heldenmütiges und großes Herz sie besitzen.

Der Hund-Geborene kämpft für die Gerechtigkeit. Wenn man ihn selbst oder jemanden, der ihm sympathisch ist, betrügt oder mit unfairen Mitteln übers Ohr haut, wird er wild.

Berühmte Hund-Persönlichkeiten
Brigitte Bardot, David Bowie, Charles Bronson, Rainer W. Fassbinder, Ava Gardner, Judy Garland, Michael Jackson, Sophia Loren, Shirley MacLaine, Inge Meysel, Liza Minelli, Donald Sutherland, Sylvester Stallone, Mutter Teresa.

Schwein

Yin; festes Element: Wasser
Chinesischer Name: Ju

Jahreszahlentabelle Schwein

30.1.1911 – 18.2.1912
16.2.1923 – 5.2.1924
4.2.1935 – 24.1.1936
22.1.1947 – 10.2.1948
8.2.1959 – 28.1.1960

27.1.1971 – 14.2.1972
13.2.1983 – 1.2.1984
31.1.1995 – 18.2.1996
18.2.2007 – 6.2.2008
5.2.2019 – 24.1.2020

Die Schwein-Persönlichkeit
Das Schwein gilt als das ehrlichste und gewissenhafteste Zeichen in der chinesischen Astrologie. Man könnte es geradezu als „Wahrheitsfanatiker“ bezeichnen. Da es darüber hinaus noch sehr gutmütig ist und nur an das Gute im Menschen glaubt, lässt es sich manchmal ganz schön an der Nase herumführen.

Schweine sind, ganz anders als der Ruf, der ihnen im Tierreich vorauseilt, Luxusgeschöpfe. Sie genießen das Leben mit all seinen sinnlichen Genüssen, in denen sie so richtig schwelgen können.
Da sie sehr gesellig und großzügig sind, lassen sie andere gerne daran teilhaben. Obwohl man Schweine oft ein wenig antreiben muss, können sie sehr aktiv werden. Das Schwein ist immer die gute Seele, die sich stets eifrig bemüht, alles zur vollsten Zufriedenheit zu erledigen und sich allseits nützlich zu machen.

Wenn es ums Geld geht, sind Schweine viel zu weichherzig. Es lässt sich von so manchem Schmarotzer ausnehmen wie eine Weihnachtsgans, wenn es nicht auf der Hut ist.

Das Schwein und sein Gefühlsleben
Schweine sind sinnlich und leidenschaftlich, und sie lieben das Leben.

Daher setzen sie ihre Träume immer in die Realität um. Voller Lebensfreude genießt ein Schwein alles, was ihm die Liebe zu bieten hat – und das ist eine ganze Menge.

Das Schwein ist von einer ganzen Schar von Bewunderern umgeben und tut sich oft schwer damit, aus ihnen den einen auszuwählen, mit dem es die Überfülle seines Lebens teilen möchte.

Wenn es ihn oder sie aber gefunden hat, ist es treu und absolut ehrlich. Dieselbe Zuverlässigkeit und Aufrichtigkeit erwartet es auch von seinem Partner.

Ein Schwein ist sehr sensibel und anhänglich. Ab und zu liebt es aber auch das Alleinsein und erwartet, dass man ihm für eine Weile seine Ruhe lässt.

Wenn Sie sich ein Schwein angeln wollen, sollten Sie immer eine kleine Aufmerksamkeit mitbringen. Ebenso ratsam ist es, seinen Geburtstag nicht zu vergessen, denn es ist zutiefst gerührt, wenn Sie daran denken. Und was bei einem Schwein immer wirkt: Laden Sie es in ein erstklassiges Restaurant zu einem erlesenen Diner mit mindestens fünf Gängen ein!

Der Weg zum Erfolg im Zeichen Schwein
Schweine interessieren sich nicht so sehr für den Erfolg, aber dafür umso mehr für den Wohlstand. Das Schwein ist kein Speichellecker, das verstößt gegen seine Würde. Es geht auch nicht über Leichen, dafür ist es viel zu loyal und human. Es

schuftet auch nicht für zwei, dafür liegt es zu gerne faul am Swimming-Pool. Wie also kommt unser Schwein zu Ruhm und Ehren?

Nun, man muss ihm manchmal einen recht unsanften Schubs geben, damit es sich auf die Hinterbeine stellt. Für andere hat es oft den Anschein, als müsse ein Schwein nur den kleinen Finger rühren, um die Quellen zum Sprudeln zu bringen. Wo andere die Karriereleiter hinaufhetzen, bleibt unser Schwein gelassen und erntet doch in Hülle und Fülle.

Berühmte Schwein-Persönlichkeiten
Woody Allen, Fred Astaire, Humphrey Bogart, Maria Callas, Jacques Cousteau, Alain Delon, Alfred Hitchcock, Vicco von Bülow (Loriot), Rainier von Monaco, Albert Schweitzer.